近代以前中日文化对比研究
——以创造和受容为中心

李洪良 著

燕山大学出版社

·秦皇岛·

图书在版编目（CIP）数据

近代以前中日文化对比研究：以创造和受容为中心 / 李洪良著. —2版. —秦皇岛：燕山大学出版社，2022.1

ISBN 978-7-5761-0291-8

I. ①近… II. ①李… III. ①比较文化－研究－中国、日本 IV. ①K203②K313.03

中国版本图书馆 CIP 数据核字（2022）第 000886 号

近代以前中日文化对比研究——以创造和受容为中心
李洪良 著

出 版 人：	陈 玉
策划编辑：	朱红波
责任编辑：	朱红波
封面设计：	杨 凯
出版发行：	燕山大学出版社
地 址：	河北省秦皇岛市河北大街西段 438 号
邮政编码：	066004
电 话：	0335-8387555
印 刷：	英格拉姆印刷(固安)有限公司
经 销：	全国新华书店

开 本：	700mm×1000mm 1/16	印 张：	12.25	字 数：	206 千字
版 次：	2022 年 1 月第 2 版	印 次：	2022 年 1 月第 1 次印刷		
书 号：	ISBN 978-7-5761-0291-8				
定 价：	38.00 元				

版权所有　侵权必究
如发生印刷、装订质量问题，读者可与出版社联系调换
联系电话：0335-8387718

前　言

本书的主要研究内容是通过考证近代以前中日文化创造的不同表现和对比中日传统文化在文化创造方面的倾向，探讨在文化中心移动的背景下，中国如何借鉴日本经验并结合多元一体的文化格局构建符合自身发展的文化创造力提升体系。

从文化哲学的角度出发，探讨了多元一体的文化格局下文化创造力提升的重要性，文化创造力实现的表现形式，并阐发了文化创造的倾向问题，即文化创造就其倾向来说可以分为独创性倾向和受容性倾向。进而认为，在多元文化并存和相互融合的时代背景下，异文化受容对文化创造的实现和文化创造力的提升发挥着前所未有的重要作用。

考证了近代之前中日两国文化创造在生产力、精神力、传承力、传播力、批判力五个方面的不同表现，进而分析了两国在文化创造力实现过程中所展现出来的不同的传统倾向，即中华文化在近代以前的文化创造更多地体现为强大的独创性倾向，而日本的文化创造则更多地显现为受容性倾向。

对近代以前中日两国文化创造力发展状况的考证是建立在文化学和创造学相关理论基础上的跨学科综合研究。本书的考证以文化创造为研究视点得以展开，具体来说，基于农耕经济和城市的发展考察文化生产力；对比民族文化创造精神以考察文化精神力；对比源远流长的中国"大一统"思想和"万世一系"的日本天皇制以考察文化传承力；对比中国近代以前的儒家"异类"思想和日本神道的发展与佛教、儒学的结合和分离以考察文化批判力；基于中心－边缘的文化扩散模式考察文化传播力。

在完成相关考察的基础上，结合中华文化创造价值观的相关思想和论述，进一步挖掘中华文化的传统内发性，分析其文化创造的独创性倾向；结合日本文化的受容性以及深层次的"边境意识"，推论日本文化创造的受容性倾向。

提出了"创造性古典主义与多元融合"的文化创造理念。这一理念的提出，首先是基于近代之前中日文化创造力表现的考察，在近代之前，中国的文化创造具有强大的独创能力，突出地体现为强大的文化生产力、文化精神力、文化传播力，而日本的文化创造在文化传承力和文化批判力的体现更为显著；这一理念的提出是对中国传统文化创造的批判和继承，中国传统的文化创造更多的是体现为创造性倾向，即独创和同化，而在中国文化已不具备成为中心文化的情况下，有必要调整中国文化创造的实现形式；这一理念适应多元一体文化格局下中国文化的发展，当今世界各国联系日益紧密，中国应该抓住机遇，在继承传统的前提下，创造性地融合外来文化，并适时地调整文化受容路径以促进文化创造力的现实转化，最终谋求中国文化创造力的整体提升。

目　录

第1章　序论 1
　1.1 研究动机 1
　1.2 先行研究 1
　1.3 研究方法和范围 11
第2章　多元文化视角下的文化创造 13
　2.1 文化创造的重要性 15
　2.2 文化创造力的表现形式 18
　2.3 多元文化背景下文化创造倾向的解读 26
　2.4 三种文化受容路径的特性 28
第3章　农耕经济发展视角下的中日文化生产力 34
　3.1 原发兴起的中国农耕经济 34
　3.2 受容激发的日本农耕经济 47
　3.3 小结 61
第4章　民族文化创造精神中的中日文化精神力 64
　4.1 自强不息、厚德载物的中华民族文化创造精神 64
　4.2 综合统一、淳化超上的大和民族文化创造精神 70
第5章　政治体系延续下的中日文化传承力 75
　5.1 源远流长的中国大一统观念 75
　5.2 万世一系的日本天皇制 80
第6章　经典思想凝结中的中日文化批判力 86
　6.1 内发而乏力的中国文化批判力 86
　6.2 内外交织的日本文化批判力 94
第7章　中心－边缘互动下的中日文化传播力 100
　7.1 中华文化的传播力 100
　7.2 宗藩关系下的中日文化互动 105

7.3 中日文化互动的文化扩散解读 107

第8章 中日文化创造传统倾向之比较 110
8.1 创造性倾向强的中华文化 110
8.2 受容性倾向强的日本文化 116
8.3 中心文化的移动及中日近代文化更新 120

第9章 文化受容下的日本近代化 125
9.1 所谓日本的近代化 125
9.2 武士思想与近代化 127
9.3 文化批判下的文明开化 132
9.4 近代化与日本传统 138

第10章 文化创造倾向转型下的中国近代化 146
10.1 近代性之于中国 146
10.2 西方近代化思想的导入 147
10.3 传教士的文化参与及其政治影响 151
10.4 近代化中儒家价值观的再认识 161

第11章 "创造性古典主义与融合"文化创造理念的提出 170
11.1 创造性古典主义与融合符合多元文化下中华文化复兴的要求 .. 170
11.2 创造性古典主义与融合注重传统内发性 171
11.3 创造性古典主义与融合注重积极的文化受容 172

结论 175

参考文献 182

第1章 序 论

1.1 研究动机

改革开放以来,中国在社会主义现代化建设方面取得了举世瞩目的辉煌成就,尤其是在经济发展方面实现了人民生活由温饱到小康的历史性跨越,赢得了国际地位的空前提高。然而,在当前世界文化多元一体的格局中,中国文化软实力的发展却呈现出严重的缺失,出现了诸如传统文化流失严重、价值观重构和传播不足、伪文化现象层出不穷、国际话语权劣势明显等问题,这些问题制约了中国综合国力的整体提升。文化软实力发展的滞后源于近代以来中国文化创造力整体发展的失衡与不足。回顾中华文化发展的历史进程,可以看到,中华文化在近代之前富有强大的文化创造力,而近代以来,面对西方文化的强势冲击,中国没能在批判地继承传统文化的基础上融合外来文化,进而取得文化创造力的整体提升。而自古以来在中华文化的深刻影响下,形成自身独特文化并取得发展的日本在进入近代以后却能够很好地将本土文化与西方强势文化相融合,创造出与日本国情相适应的近代文化,从而步入发达国家行列,这充分地显示了日本文化在多元文化背景下所展现出来的文化创造力。因而有必要对近代以前中日两国在文化生产力、文化精神力、文化传承力、文化批判力、文化传播力等几个方面的不同发展状况进行比较,进而探究两国传统的文化创造倾向以及文化创造倾向与近代以来文化转型的逻辑关系。在完成近代以前中日文化创造力的相关考察和中日两国传统文化创造倾向分析的基础上,构建适应多元一体文化格局下中国文化创造力提升的文化创造理念,以期在理论和实践方面指导中国文化创造力的整体提升。

1.2 先行研究

在对近代以前中日文化创造力进行考察之前,有必要对文化、创造、文化创造等相关概念和研究进行一定的界定和梳理。

1.2.1 理解文化

"文化"一词在中国古代文献中最早见于《周易》,《周易·贲卦》有云:"刚柔交错,天文也;文明以止,人文也。观乎天文以察时变,观乎人文以化成天下。"[①] 其中的"人文""化成"表达了古代中国人对文化内涵的理解:文化即人化,以人文教化天下。孔颖达在《周易正义》中说道:"观乎人文以化成天下者,言圣人观察人文,则诗书礼乐之谓,当法此教而化成天下也。"[②] 意思是说用圣人的诗书礼乐去教化、感染、熏陶人,因而,在中国古代"文化"一词与武力征服的"武功"相对应。

现在所广泛使用的"文化"一词就其词源来说,属于拉丁文 culture,拉丁文中的 culture 有耕种、居住、练习、留心或注意、敬神、加工、修养、教育、文化、程度、礼貌等多种含义。德文、英文、法文的"文化"一词都来自拉丁文 culture,而现在中国所用的"文化"一词的概念被认为大约是 19 世纪末经由日文转译而来。

文化的专门研究始于 19 世纪下半叶人类学、社会学、文化学等学科的兴起,展现出了多学科、多角度的研究特点。英国文化人类学家爱德华·泰勒在《原始文化》(1871)一书中提出了其著名的文化定义:"所谓文化或者文明乃是包括知识、信仰、艺术、道德、法律、习俗以及包括作为社会成员的个人而获得的其他能力、习惯在内的一种综合体。"[③] 从泰勒对文化的定义,可以看到泰勒已经注意到了文化的分类问题,即人类从长期经验中所创造的包括物质内容与精神内容的共同生活方式是广义的文化类型;而狭义的文化则是指学术思想等精神层面的活动及其成就。从爱德华·泰勒进行文化的定义开始,关于文化的定义已达 300 余种,大致可分为两种不同的定义方法:第一种是广义或狭义的定义方法,第二种是功能性或主体性的定义方法。

广义的定义方法区别了文化与文明,将文化定义为人类所创造的文明的总称,或定义为人类生存方式。历史学家汤因比、斯宾格勒都属于广义文化论者。狭义的定义方法仅指精神性、观念性的东西,如美国学者塞缪尔·亨廷顿认为:

[①] 高亨:《周易大传今注》,齐鲁书社(1979),第 226~227 页。
[②] 王弼注,孔颖达疏:《周易正义》,北京大学出版社(1999),第 105 页。
[③] 泰勒著,蔡江浓编译:《原始文化》,浙江人民出版社(1988),第 1 页。

"文化指一个社会中的价值观、态度、信念、取向以及人们普遍持有的见解。"①

功能性定义是将文化定义为一种规则。如莫利斯强调："一种文化是生活的蓝图。一群互相影响的人本着这一蓝图而特别崇尚某些行为动机而不崇尚别的行为动机；或者，他们宁愿采用某些方法而不采用其他方法来实现这些动机。"② 以英国人类学家马林诺夫斯基为代表的功能主义文化理论认为文化是"一个在满足人的要求的过程中，为应付该环境中面临的具体、特殊的课题，而把自己置于一个更好的位置上的工具性装置"③。

主体性定义关注文化的"属人性"，是一种从文化创造的主体——人的角度进行的定义。进入20世纪以来，文化的主体性日益引起学界的重视，德国学者格奥尔格·西美尔首先看到了客体文化与主体文化的区别，他批评说，自工业革命以来，"客体文化突飞猛进，主体文化却不能增进"④。这里的客体文化是指物质文化，而主体文化是指与人密切相关的思想意识方面的文化。卡西尔作为西美尔的学生，将文化定义为"人不断自我解放的历程"⑤。马尔库塞认为文化应该关注人性的解放和完善，而科技是文化的物化形式，科技的每次进步都是对人本性的压抑，真正的文化应该是人的解放的尺度。上述种种观点对文化的含义进行了跨学科多角度的分析，揭示了人类文化所具有的复杂性与多元性，同时也为人们深入理解文化的性质和特点，从而进行更加系统、全面的文化创造比较研究提供了有益的启示。

在完成以上对文化定义和解释梳理的基础上，本书所展开的文化创造力相关研究建立在一种具有超越性和综合性的文化理解，即文化整体观之上。正如郭湛教授所指出的那样，"文化概念的历史演变，总的说来是由狭义的文化概念向广义的文化概念发展的过程，就文化观而言，实际上是由局部文化观向整体文化观的转变，即从只看到部分文化向对文化整体认识转变，也就是由小文化观向大文化观转变的过程"。郭湛教授同时指出："大文化观作为一种文化整体观是以广义文化概念为科学依据的，它不同于时下流行的那种泛文化观。那种

---

① 亨廷顿、哈里森主编，程克雄译：《文化的重要作用》，新华出版社（2002），前言第3页。
② 张忠利、宗文举：《中西文化概论》，天津大学出版社（2002），第8页。
③ 庄锡昌、顾晓鸣、顾云深等：《多维视野中的文化理论》，浙江人民出版社（1987），第371页。
④ 西美尔：《论文化的本质》，转引自《德国哲学》第二辑，北京大学出版社（1986），第198页。
⑤ 卡西尔著，甘阳译：《人论》，上海译文出版社（1985），第288页。

泛文化观的特点是把什么都称为文化，但并不放眼于文化的整体，而只着眼于文化的局部；泛文化观不过是将局部文化泛化了，它所关注的仍是某种文化现象，本质上仍属于局部文化观，是一种外延扩大了的小文化观，远未达到整体观的高度。"① 而加拿大著名的文化学者 D. 保罗·谢弗教授也有着同样的认识，他指出："文化是与人们看待和解释世界、把自己组织起来、处理自身的事务、提高和丰富以及与在世界上定位自身等有关的有机的和动态的整体。"②

1.2.2 创造的内涵

发展是当今时代的主旋律，发展本身就蕴含着推陈出新，意味着创造、创新，在世界范围内各个行业和领域中，创造、创新、创造性、创造力等已经作为热门词而被频繁地使用，创造的观念得到了广泛的认同，创造的价值也在不断地以多种形式得以实现。然而，对于创造的内涵却很少有人能够深入地理解，正所谓习焉不察，因而有必要从词源方面对创造的内涵进行一定的梳理。

中国古代关于"创造"一词的记录最早出现于陈寿所著《三国志·魏书》，其中写到"诸葛诞创造凶乱"③，表达的是"制造、引发某种局面"的意思。类似的还有《宋史》第三百五十卷中的"曾布言赡创造事端，以生边害，万死不塞责"④，等等。不过，经刘仲林等学者的考证，这种用法在古代文献中出现的次数并不多，"创造"更多地用于表达以下几种意思：一为"建造"，如《隋书·高祖纪上》写到"诏……等创造新都"⑤；二为"制作"，《隋书》中记载"大业元年炀帝始诏……等宪章古制，创造衣冠"⑥；三为"开创"，《南史·梁本纪上》所载"及齐高创造皇业，摧锋决胜，莫不垂拱仰成焉"⑦；四为"创作"，《后汉书·应劭传》所载"其见汉书二十五，……其二十七，臣所创造"⑧；五为"发明"，《宋书·礼志五》所载"至于秦汉，其指南车制无闻，后汉张衡始复创造"⑨。

---

① 郭湛：《转向大文化观》，《新视野》1996 年第 3 期，第 37~38 页。
② D. 保罗·谢弗著，许春山、朱邦俊译：《文化引导未来》，社会科学文献出版社（2008），第 51 页。
③ 陈寿撰，裴松之注，陈乃乾校点：《三国志》（第一册），中华书局（1959），第 140 页。
④ 脱脱：《宋史》（第三十二册），中华书局（1977），第 11072 页。
⑤ 魏征：《隋书》（第一册），中华书局（1973），第 17 页。
⑥ 魏征：《隋书》（第一册），中华书局（1973），第 262 页。
⑦ 李延寿：《南史》（第一册），中华书局（1975），第 168 页。
⑧ 范晔撰，李贤等注：《后汉书》（第六册），中华书局（1965），第 1613 页。
⑨ 沈约：《宋书》（第二册），中华书局（1974），第 496 页。

英文中的"创造"（create）是由拉丁文 creartum 发展而来，是动词 creare 的过去分词。creare 意为 to produce, to make，有"创造""生产""创建"的意思。根据蒲柏的考证，15 世纪晚期才出现了现在时态的"创造"（create），这一时期由于犹太教和基督教等西方神学思想的影响，人们强调的是神的创造，认为万事万物都是神创造完了的东西，所以"创造"（create）的意思主要是 what was created，即"创造出来的东西"。16 世纪，人作为创造的主体受到重视，因而 create 的词义也得以扩展，指涉"现在的或未来的创造"（present or future making）。在 17 世纪末期，create 和 creation 作为人的行动被广泛接受，当时还出现了形容词 creative，意思是"神圣的、奇迹的、具有创意的"，仍然带有旧时的内涵。而进入 18 世纪，creative 一词被赋予更多的积极意义，开始关注创造与人之间的联系，将创造跟人的想象力（imagination）联系起来。

18 世纪末期，由于"create"一词中"模仿"（imitation）的意思比较鲜明，西方文化开始探讨创造和"new"（新）或"novel"（新奇）的关联。进入 19 世纪，西方文化对所创造事物的"new"（新）或"novel"（新奇）的追求进一步强化，并且将原属于经济学范畴的"innovation"（创新）引入其中。20 世纪 20 年代，出现了 creative 的名词形式 creativity。creativity 是"创造力、创造性"的意思，所指向的正是事物的"new"（新）或"novel"（新奇）。求新、创新，新产品、新技术、新的管理理论等的创造成为主流。

语言是思想的重要载体，通过简要地对中国传统文化中"创造"以及英文中"create"的词源及其演变的考察，可以看到：具有现代意义的"创造"一词在中国古代形成较早，内涵丰富，特点鲜明，涵盖礼仪制定、基业开拓、物器制造、文章创作等多个方面；西方相同意义上的"创造"一词形成较晚，以艺术为中介，从神学中脱离出来，逐渐运用到各个领域和世界范围，也形成了西方学者在创造学研究中的主导地位。

1.2.3 文化创造的研究

文化创造的研究是有关创造学和文化学的跨学科交叉研究，而将文化和创造紧密联系起来的正是创造力的相关研究。创造力不是出现在真空中的。创造力的研究开端于创造性个体、创造性产品或者创造性活动过程等微观研究，随着研究的不断深入，人们开始重视创造力所存在的情境——环境与社会的相关研究。环境总是存在的，并且对创造力的表达产生深刻的影响。环境可以激发和支持创造力，并且能够对其进行界定和评估。在这方面，近年来的理论普遍认为，环境变量与个体变量（智力、知识、认知风格、人格和动机）的共同作用是创造力所必需的（Amabile，1983；Arieti，1976；Csikszentmihalyi，1988；Gruber，1989；Stemberg，Lubar，1991、1995）。关于环境，我们可以区分出一系列影响创造力而又相互联系的情境。这些包括物理环境、家庭、学校或工作场所、努力的领域和文化。文化是指一个特定人群所共同享有的系统，它包括认知、行为、风俗、价值观、规则文化，能被学习并在社会上代代相传。文化群体常常以社会阶层来区分，其次是以地缘政治的边界来划分的。在这些文化群体之内，按照年龄（如青少年文化）、社会经济阶层、宗教或其他特征，文化可以进一步区分为种种亚文化。

从一个西方人的观点来看，创造力被定义为产生新颖的、适当的产品的能力。新颖的产品必须是原创的，不被预测的，与先前的产品有明显的不同。适当的产品则能满足问题的约束，是有用的，或者能满足一种需要。创造力可以产生于任何一个专业，包括视觉、艺术、文学、音乐、商业、科学、教育和日常生活，还涉及一群人与他们的社会和物理环境相互作用的符号系统（Reber，1985；Triandis，1996）。

在西方人的眼里，创造力的一个重要特征似乎是其与一个可观察的产品的关系。这个产品能被一个适当的群体（同行或者是专家）评定。阿马拜尔提出，一个产品的创造性在很大程度上是一种社会评价。与已经提出的创造力概念相一致，当评估者评价一种产品，诸如诗歌或绘画的创造性时，主题的新颖性和适当性在他们的评价中起到重要的作用。与西方人的创造力概念相对应，东方人的创造力观点似乎很少关注创新的产品。相反，把创造力看成是涉及一种个人实现的状态与原始状态的联系，或是一种内部本质或最终现实的表达（Cha，1970；Kuo，1996；Mathur，1982）是与冥想联系在一起的，因为它帮助人们看到自我、对象或事情的本质（Chu，1970；Onda，1962）。这种概念与人本主义心理学把创造力看作是自我实现的一部分的观点相似。

西方的创造力研究着眼点主要在心理学和教育学方面。以罗伯斯·斯滕伯格为代表的美国心理学界主要是从个体心理与社会心理层面对创造力进行了科学性的研究，他们利用心理测试、工具性实验、建构模型的自然科学方法，探讨个体与社会心理的智力、动机、情结、习惯及环境等因素对于创造力实现的效用问题。而以托德·卢伯特为代表的学者是从文化角度对创造力进行解读的，这些学者认为，创造力研究不能只限于具有创造性的个体、产品或者过程，也应该重视文化和社会背景对创造力的激发、支持、界定和评估等作用。同时，他们还认为，不同文化的创造力实现途径与表现形式是相异的；在全球化背景下只要一种文化体现或保护其所依载的政治、经济和地理的条件，那么这种文化就应该是具有创造活力的。美国学者保罗·蒂利希于1959年出版的《文化神学》曾经提出，文化创造力的所有功能都指向了终极的人文关怀，任何一种文化模式都是其文化创造力的人文关怀的体现，所以理解一种文化模式便能够发现这种文化的终极人文关怀，也能发现其文化蕴含的创造力。英国学者费斯克在其所著的《理解大众文化》（1989）和《重估大众的文化创造力》（1970）等著作中明确地提出了反对文化商品化的观点，认为文化是活生生的意义生产过程，来源于不同社会阶层的大众是具有文化批判力的，所以，应当重视和发挥大众的文化创造力。雷纳认为，创造性是人与环境之间所特有的关系构造，而对大多数的人来说，环境指的是可以为人提供创造性基础的文化。文化给予人体现各种创造性的机会并限定了创造性发展的适当轨迹[①]。可以说，西方学者从文化方面对创造力的解读，为多元一体文化格局下文化创造力研究提供了一定的有益借鉴。

　　日本的创造力研究在接受西方创造力研究成果的基础上，走出了一条独特的发展之路。首先，日本的创造力研究深受西方创造力研究侧重心理学、教育学研究的影响，19世纪末，心理学实验室刚刚在欧美大学设立，而这一时期的日本也刚好开始颁布学制、整备大学，心理学以及教育学作为先进学科被引入日本的大学教育体系，并且在国家的大力推进下得到了较快的发展。大正时代（1921—1926），日本的创造、创造教育相关研究在学校教育开始展开。20世纪前期，与讲究实用主义的美国心理学相抗衡的德国心理学影响不断扩大，日本的创造力研究也逐步将格式塔心理学作为研究的理论基础。如黑田的《"勘"

---

① Raina M. K.：Cross-Cultural Differences, Encyclopedia of Creativity, Vol. 1, Academic Press（1999），第453~464页。作者翻译并参考。

的研究》(1933)和波多野的《创造心理学》(1938)等日本创造力研究著作便是以格式塔心理学为引导的,并且已经注入了日本研究的独特性。另一方面,出现了从日本传统思想中挖掘文化创造力的研究动向。如恩田(1962)、中山(1983)将禅以及佛教思想作为视点展开的创造力研究,被看作是对抗欧美基督教思想以及科学思想的挖掘日本传统文化创造力研究的开端。第二次世界大战以后,美国心理学的影响再次得以加强,进而成为此后日本创造力研究的指针。由于战后日本学校教育的飞速发展,发展心理学以及教育方法改善等被引入教育学当中,与此同时作为社会以及产业人才开发的社会心理学、产业心理学等也成为日本创造力研究的新视点。战后,日本创造力研究在以美国为中心的欧美学界的影响下得以发展并形成自己的特色,从20世纪60年代起先后出现了市川的等价变换理论、川喜田的KJ方法、中山的NM方法、以产业能率大学为中心开发的创造性开放技法等日本创造力研究的代表性成果。另一方面,日本学者在文化和创造力相互关系的研究方面也开始关注不同文化对创造力发挥的影响问题,其中的代表学者有公文俊平和矢野正晴。公文俊平(1994)在《情报文明论》(NTT)中将文明分为兼容存续型文明和限定发展型两种文明。而矢野正晴等学者(2002)在《创造性的概念和理论》(NII)一书中认为"兼容存续型文明压制创造性、不会产生新价值,即使有时也会发挥创造性,也不过是对过去所发现的真理的再解释和具体化"[1];同时认为"限定发展型文明可以促进创造性的发挥并产生新的价值"[2]。

中国的创造力研究也是在借鉴国外创造力研究相关成果的基础上得以展开,并形成了具有中国特色的马克思主义创造学、现代创造学、行为创造学等,而目前文化创造力的相关研究展现出以下两个主要的研究动向:

文化创造力的理论研究。李燕的《文化释义》(1996)对文化创造活动原理进行了专门的、详尽的、系统的研究和论述,内容涉及文化创造与人的创造

---

[1] 矢野正晴等:《創造性の概念と理論》,国立情報学研究所 NII-2002-001J(2002),第33页。日语原文:"このような包括 存続志向型文明では、新しいものは価値がないものと見なされるので、社会は創造性に対して抑圧的となる。このような社会でも、創造性は発揮されることがあるが、それは、新しいものの創造ではなく、過去に発見された真理の解釈の提示、抽象的な真理の具体化というような形をとらざるを得ないことになる"。作者翻译,以下同。

[2] 矢野正晴等:《創造性の概念と理論》,国立情報学研究所 NII-2002-001J(2002),第33页。日语原文:"このような限定 発展志向型文明にあっては、新しいものは価値あるものと見なされるので、社会は創造性に対して促進的となる"。

力的关系、文化创造的分层与整合、文化创造活动的规律。万资姿发表的《符号异化：现代人类文化创造焦虑之潜在根源》（2008）、《文化创造：一种人类符号能力的实现与被规定》（2009）、《符号：文化创造之逻辑起点》（2013）等文章，从符号学的角度对文化创造进行了阐述，认为文化创造体现为一种人类主体性的实现与被规定，同时在本质上也表现为一种人类符号能力的实现与被规定。杜刚在其专著《全球化视域下中国文化创造力》（2012）一书中抓住文化创造力这一核心问题，一方面进一步阐明了文化创造的现实内涵、生成原则；另一方面，对文化创造力的含义、构成要素等进行了剖析，同时也对全球化视域下中国文化创造力的现实生成提出了独到的理解和建议。

发掘中国文化创造力的研究。刘仲林所著的《中国创造学概论》（2001）在比较中西创造观的同时，通过对《易经》的分析，总结出了中国传统创造观中创造力构建的思维、技法及总体追求。王忠的《中国传统创造思想论纲》（2007）从创造价值观、意会认识论和意象思维模式等方面对中国传统文化中的创造观进行了解读。艾四林的《激发全民族文化创造活力，显著增强国家文化软实力》（2012）分析了中华民族创造活力的激发对国家软实力增强的促进作用。辛向阳在《让文化创造活力竞相迸发》（2013）一文中从文化生产力、学术和艺术民主等方面论述了文化创造力的提升问题。沈壮海教授发表的论文《充分发挥中华文化创造力源泉的作用》（2016）认为，中华文化中蕴含着可以转化、生成为或有助于提升中华民族当下创造力的文化因素。

通过对国内外研究现状的梳理，可以发现，文化创造力的理论研究还相对薄弱，文化创造倾向的专门研究还没有充分地展开；文化创造力的提升策略上更多的是关注传统文化中创造力的发掘和现实转化，从多元一体的世界文化格局中探讨文化创造力提升的研究还较少。因此，本书通过考察中日文化创造力在近代之前不同表现总结中日传统的文化创造倾向，并在此基础上浅析近代以来中日文化更新与文化创造倾向的逻辑关系，进而结合多元一体的文化格局提出相关的文化创造理论指导当前中国的文化创造力提升。

1.2.4 中日文化比较的视点和方法

中日文化的比较研究是一个内容丰富、范围广泛的课题，迄今已在不同程度上和不同层面上进行了探讨。归纳起来大致有下列几种研究方法和视点：

从文化结构的主要因素进行文化比较。如庞朴先生早在1985年开设"中国文化比较研究"讲习班时，就曾针对文化学的理论问题做了若干探讨，并认为文化问题及文化比较包括三个方面，即文化结构、文化的民族性和文化的时代性。庞先生还提出了被学界普遍认同的文化结构三分说：文化结构大体包括物质文化、制度文化和精神文化。从文化结构的三个层面去认识文化并加以比较的方法，早已经为学术界所认同，并且成为认识文化和文化比较研究的重要视角。近年来这方面的研究有乔翔第的《文化心理结构与国际海洋经济基本关系之互动——兼对中、日、韩三国情况的初步考察》（第18次东北亚细亚文化学会，2009）、贾华的《对日本文化双重结构的思考——兼论中日文化之差异》（时代文学，2010）、赵慧的《中日婚姻观的比较研究》（哈尔滨理工大学硕士论文，2014），等等。

从社会学的角度来看中日文化比较。研究社会结构、社会的各种关系、价值取向等既是社会学考虑的内容，其实也适用于文化的比较研究。其中对社会关系以及社会构造的研究如日本学者中根千枝（1967）的纵向社会结构理论，以及土居健郎（1971）提出的"娇宠"[①]理论都对中日文化比较研究具有借鉴意义。

从跨文化传播学高低语境文化角度比较中日文化。爱德华·霍尔在《无声的语言》中提出了文化分为"高语境"和"低语境"两个层次，即显性文化层和隐性文化层[②]。中日学者在对两国文化进行比较研究时，往往是通过显性的文化现象的例证，进而展开隐性的文化精神和本质等的比较。如近年王娟《从中日谚语看传统社会》（山东师范大学硕士论文，2014）、孙明秀《14—19世纪中日鹤纹之比较研究》（苏州大学硕士论文，2016）等论述研究。

从文化交流史的角度整体解释中日文化的异同。中日文化交流史不等同于中日关系史，自古以来中日之间的文化交流所涉及的领域十分广泛。有过文

---

① 尚会鹏：《中国人与日本人》，北京大学出版社（1998），第325页。
② 爱德华·霍尔著，刘建荣译：《无声的语言》，上海人民出版社（1991），第200~204页。显性文化层包括诸如服装、建筑物、饮食、家具、交通工具、通信手段、街道、村庄等；隐性文化层指隐藏在物质中的文化，包括各种观念即传统的、当今的各种观念，如人权观、劳动观、婚姻观、发展观、平等观、宗教观、道德观、法制观、个体与群体观等。

字的交流，有过文本形式的交流，有过宗教的交流，有过学术思想的交流，有过制度文化的交流，近代初期有过西学的交流等，当代又有影视、服饰、歌曲等领域的交流，这些构成了灿烂的中日文化交流史。中日交流的不同侧面可以搭建出一个综合性的平台来研究不同时代、不同社会制度下人们的生活态度、时尚和所憧憬的内容。《中日文化交流史大系》全10册（浙江人民出版社，1996）由王晓秋、王勇、严绍璗、中西进、源了圆、大庭修等中日学者共同编撰，是中日文化交流史研究之大成。

从语言与文化、文学与文化的对比中看中日文化。语言和文学都是文化的载体。文学作品反映的是文化的积淀和文化形态的变迁；语言特别是言语则能够集中表现使用该种语言的民族的文化心理、精神要求。如孙晖苑的《中日两国语言中"气"与"心"的多重语义结构》（厦门大学硕士论文，2008）、周莉的《中日感情表现的对照考察》（西南大学硕士论文，2012），等等。

1.3 研究方法和范围

通过对以上相关研究的梳理，本书立足于文化的群体性和功能性，进一步完善文化创造以及文化创造力的理论，尤其是文化受容实现路径理论；从文化生产力、文化精神力、文化传承力、文化传播力以及文化批判力这几个方面比较近代以前中日两国文化创造力发展的异同，探究中日两国文化创造的传统倾向，并分析东亚文化圈中心文化迁移背景下两国近代文化更新与文化创造倾向的逻辑关系，进而发掘文化受容对中国文化创造力复兴的现实意义，结合多元文化传播的时代背景提出一定的文化创造理念，以期能够指导多元一体文化格局下中国文化创造力的复兴和进一步提升。

本书从《考林斯英语大辞典》1979年版对"文化"[①]的定义出发，从文化的群体精神性、价值功能探讨文化的创造性和文化创造力问题。这里所考察的文化是一种侧重于群体功能性的广义的文化范畴，而不是狭义的区别于政治、经济等概念的狭义的文化范畴，从各个领域中选取代表性的例证对比中日文化创

---

① A culture is the total of the inherited ideas beliefs, values and knowledge, which constitute the shared bases of social action and the total range of activities and ideas of a group of people with share traditions which are transmitted and reinforces by members of a group.
译文为：文化是那些继承下来的、确立共同社会活动基础的观点、信仰、价值观和对世界认知的总和，是一群拥有着同样传统的人所从事的活动和所拥有的思想观念的全部范围。

造力。例如，基于农业经济的发展考察文化生产力；对比民族精神以考察文化精神力，等等。

通过对中国文化创造力研究的梳理，可以看到，已经有学者对宏观层面的文化创造进行了理论分析，但文化受容这一重要的文化创造路径的相关研究还没有得到充分的重视和展开。文化创造是产生文化价值的人类活动。狭义的文化创造可以被称为文化发明，主要是指人类发明新的文化价值的活动；广义的文化创造除了文化发明外还包括人类在创造新的文化价值活动中的文化受容。文化受容又可以分为文化复制和文化再创造。文化复制指一种文化价值在传播过程中，被他文化所复制的人类活动；文化再创造是指一种文化价值通过传播，被他文化所改造而产生出来更大的价值和新的效用的人类活动。所以，本书对中日文化创造力的考察，需要从广义的文化创造出发，在明晰中日两国文化创造的传统属性的基础上，思考中日两国近代以来文化更新的得失，进而结合多元一体的文化格局，批判继承传统文化，积极对待外来文化，吸收外来文化的先进因子，与传统文化中创造因子相结合，以期实现中国文化的伟大复兴。

此外，对中日文化创造力进行考察以及对比研究还应该注意文化环境对文化创造力的制约和影响作用。中日文化的相关研究者在这方面已经有一定的研究积累，日本学者内藤湖南的"文化中心移动说"认为近代以来日本将取代中国的文化中心地位，而中国学者盛邦和在《内核和外缘》一书中也吸收这样的思想，认为中日文化的内核－外缘地位发生了置换转移。而笔者认为，虽然近代以来中国的文化创造力走向衰落，失去了其文化中心地位，但是并不是将文化中心让位给了日本，而应该是中、日都处于西方文化中心的边缘。当今社会，随着经济全球化的不断深化，多元文化背景下的和谐文化论[①]得以产生，但是价值观方面的世界文化中心还是欧美为主，因而全球化下文化所呈现的应该是多元一体的格局，其中西方文化在一定程度和时期内仍然占据主导地位。

---

① 韩美群：《和谐文化论》，武汉大学博士论文（2008），第261～279页。和谐文化论是韩美群在综合中国传统文化中的和谐观念与西方和谐观的基础上提出的中国文化建设理念。

第2章　多元文化视角下的文化创造

当今的世界，全球化已经成为世界范围内的普遍共识，全球化理念最初来源于经济领域。基于资本、新科技等经济因素的外向型扩张，经济领域的全球化拓展造就了大型的跨国公司，形成了世界范围的统一大市场，各个国家的经济交往日益密切。21世纪以来全球化也波及了文化领域，随着跨国组织、传播手段、信息技术等的不断发展和更新，全球文化也逐渐融为一体。

很多的学者已经对文化全球化进行了解读，如日裔美籍学者费兰西斯·福山认为，冷战的结束标志着以欧美自由主义、民主政治为代表的资本主义经济、政治、文化体制获得了全面的胜利，世界的发展格局发生了重大的变革，今后人类的社会结构、文化必然趋向于一种模式，这种模式就是以西方文化为核心和价值要求的全球化理论和普世文化[1]。这种论调是典型的文化一元论，是普世主义的重提。它盲目地推崇西方文化，缺乏对其他文化模式的认同；它忽视了文化之间的差异性以及各种文化的独特性，盲目地强调文化的同构性和趋同性。而与之针锋相对的是以赛缪尔·亨廷顿为代表的文化冲突论。文化冲突论认为，不同国家、民族以及宗教的文化传统具有明显的差异性，在现实的世界发展进程中，这些差异是很难消除和兼容的，这样就必然会导致主体之间的文化冲突、交锋、争执，甚至为了争夺文化话语权和统治权，这些主体之间会产生激烈的争斗和战争，这样必然会导致全球性的灾难[2]。与文化冲突论同属于文化多元论的多元文化主义则将不同文化之间的多样性片面夸大，甚至绝对化，这必然导致变相的种族主义和分裂主义，因此文化多元论也不能充分地解读文化的全球化。

而笔者认为，文化全球化产生的是"多元一体"[3]的文化格局。多元是指多元文化客观存在，自立共生；一体是指多元文化相互交融，和而不同。一方面，

---

[1] 费兰西斯·福山：《历史的终结》，远方出版社(1988)，第120~132页。
[2] 赛缪尔·亨廷顿著，周琪等译：《文明的冲突与世界秩序的重建》，新华出版社(1988)，第228~231页。
[3] 裔昭印、徐善伟：《论世界文化的"多元一体"性》，《光明日报》，2004年2月10日。

一个国家、民族、地区的历史发展进程造就了其独特的文化，同时也塑造了这个国家、民族、地区的价值取向；另一方面，多元文化之间的交流无论是在范围、速度、强度方面，还是规模方面都是先前社会所无法比拟的，同时也不可避免地会出现一定范围和领域的争执、冲突。在多元一体的文化格局中，西方文化的价值观虽然不像之前那样以政治、军事等强硬手段强加给其他国家和地区，但仍然以文化霸权、文化帝国主义等方式更加隐蔽地影响着其他国家和地区人民的精神生活和价值观。正是从这个意义上来说，在一个相当长的时期内欧美文化仍然是世界文化的中心。

在多元文化长期并存相互交融的背景下，当前中国出现了"山寨文化""草根文化"等非文化、反文化的现象。同时，国际上存在着诸如亨廷顿将中国文化看成未来文明冲突中最可能的"麻烦制造者"的中国威胁论①等歪理邪说，造成了较为恶劣的国际文化环境。这些问题的解决都指向了中国文化创造力的提升和复兴。正如弗雷德里克·杰姆逊和三好将夫所指出的那样，"就全球化世界网络来说，一个民族国家或地区在其中的确切位置不再是单纯的地理位置，这种确切位置的重新确认不仅要考量民族国家、政府经济管理方面的努力以及本国家或地区经济综合力在市场上的比较优势，而且还要考量本民族或本地区的文化因素"②。这就意味着，文化发展要素已经在全球化进程中成为影响一个国家综合实力的重要因素。一个民族国家或地区的文化创造力水平直接关系到其创新能力及科学技术发展的水平，从而影响到整个社会的发展水平。因此，多元文化视角下文化创造的实现和文化创造力的提高已经成为当前中国亟待解决的重大问题。在文化创造方面，日本一直是一个以学习和再创造而闻名的国家，进入近代以后，日本能够较好地将本土文化和西方文化相结合，

---

① 在各种"中国威胁论"中，最具冲击力的代表观点主要有三种：一是哈佛大学教授塞缪尔·亨廷顿独创的"文化冲突论"，认为中美未来可能发生彼此的利益冲突，而这种利益冲突根源于背后的文明冲突所衍生出来的观念冲突，把中美之间的矛盾夸大到不可调和的地步。二是早先曾经掀起第一轮"中国威胁论"高潮的"干将"罗斯·门罗伙同理查德德·伯恩斯坦提出"中美战略对手论"，声称中美两国已经成为全球范围内的对手，中国经济快速增长，国力增强，对美国在世界上"至高无上的地位"形成了"难以对付的挑战"。他们断言中美两国之间的冲突不可避免，甚至可能发生战争，美国已经没有力量单独对付中国，必须同日本结盟，共同遏制中国的"扩张"。三是芝加哥大学政治学教授约翰·米尔斯海默提出的"大国政治悲剧论"，该论调认为中国的崛起必然冲击美国的国际霸主地位，中美之间的冲突是结构性的冲突，不可调和并且不可避免走向战争，这是大国政治无法摆脱的悲剧宿命。赵可金：《理性解读"中国威胁论"》，《学习月刊》2006年第3期，第16～18页。
② 黄力之、张春美：《马克思主义文化哲学与现代性》，三联书店（2006），第132页。

从而步入了发达国家的行列。因此,在多元一体的文化格局下文化创造力的实现除了需要从本国文化的传统中发掘新的创造力因子,还应该注重借鉴和吸收其他文化的有益成分为我所用。

2.1 文化创造的重要性

文化的本质之中蕴含着超越和创造的特征,文化创造的过程则是文化突破既有传统而得以更新的过程,正所谓"苟日新、日日新",文化创造是在批判地继承原有文化传统的基础上进行创新,而不是凭空的臆想和猎奇。文化在其发展的历史进程中以一种创造力的形式得以展现和发挥。文化创造的不断加强才能够促进文化自信的增强、文化自觉的激发、文化自立的确立、文化安全的维系。在当今多元文化交锋和融合的背景下,文化创造的实现和壮大、文化创造力的提升是应对外来文化冲击、加强文化传播、争取文化发展的国际空间和国际话语权的重要手段。

首先,文化创造是文化自信的表征之一。一个国家、一个民族的文化自信,是在深入研究自身文化价值的基础上产生的对自身文化生命力的坚定信念和充分自信。只有具备坚定的文化自信,才能从容地坚守文化传统,以积极进取的姿态焕发创新创造的活力。文化自信来源于对既有传统文化的充分认识和深入研究,而不是"夜郎自大"的盲目乐观;文化自信是对自身文化价值和意义的充分认同和肯定,而不是妄自菲薄。一个国家、一个民族或文化个体必须要对本国、本民族的传统文化进行深入的学习和研究,才可能对自身文化的价值和意义产生充分的认同与肯定,同时才可能对自身文化的生命力抱有坚定的信念;文化自信基于文化主体的理性思维和深刻反思,缺乏对既有文化传统的必要了解是无从确立文化自信的。文化自信并不是说要盲目排除外来文化,而是在尊重并相信自身文化实力的基础上包容和借鉴外来文化的先进因子。文化创造意味着对自身文化怀有强烈的自信心和自豪感,而这种文化的自信为文化创造提供了十分重要的强大的精神支撑和广博的胸怀气度,同时,文化创造也不断地巩固和强化着主体的文化自信,文化主体对于自身文化的自信程度又决定了其文化创造的可能性和可信度。

其次,文化创造是文化自觉的展示。关于文化自觉,中国著名社会学家费孝通先生在1997年北京大学社会学人类学研究所开办的第二届社会文化人类学高级研讨班上指出，文化自觉是指生活在一定文化历史圈子的人对其文化有自知之明，并对其历史渊源和未来走向有着充分的认识。换言之，文化自觉是文化的自我觉醒、自我反省、自我创建。文化主体基于对自身文化的认识形成了其基本的文化自信，而文化创造的实现则更需要文化主体对于其自身文化的历史脉络、现实状况、未来走向、文化发展规律以及文化特质持有更多的认识，并将这些与他文化进行比较，从而形成更加客观和理性的文化意识，也就是文化自觉。因而，文化自觉包括对自身文化历史地位的深层次认识、对自身文化发展规律的理性把握、对自身文化现时状况与特征的准确判断，以及在这些基础上所形成的对其文化发展责任的主动承担。文化自觉是文化创造的动机，文化创造的过程建立在主体的文化责任之上，合理地评价自身文化环境，才能够唤醒文化创造和发展的渴望；只有文化主体主动地意识到文化发展所面临的机遇之后，才能进行卓有成效的文化创造活动。一个丧失文化自觉能力的主体是不可能进行文化创造活动的，因为文化创造是一个主动地积极地推进文化发展的活动，强大的精神助推力是不可缺少的，而文化自觉就是这种内在的文化精神，它表现为对文化进步的强烈追求和热情向往，它是文化主体的担当意识的激烈迸发，它为文化的繁荣进步提供了重要的思想基础和精神准备。由此可见，文化创造应该是文化主体在文化自信的基础上，将来源于文化自觉的精神动力和思想觉悟落实在实践中的创造性活动。任何一个民族或国家的觉醒总是始于其文化的觉醒，而其文化发展和文化创造的水平与能量则取决于其文化自觉的程度，因此，文化自觉是文化创造的先决条件，而文化创造则是文化自觉在实践中的具体展示。

第三，文化创造是一种文化自立的展现。文化创造就是在对自身文化进行"扬弃"和对先进外来文化进行批判和借鉴的基础上，结合自身的知识、能力及素质的文化构成，通过激发文化主体的创造力而进行的创造性活动，由此得知，文化创造就是文化主体得以彰显自身文化活力、获取先进文化成果、确立文化地位和身份的创造性活动[1]。其中，文化地位和身份的确立则是文化创造的重要目标，在现实中，通过文化自立得以展现。文化自立就是文化主体明确自身所

---

[1] 杜刚：《全球化视域下文化创造力研究》，人民出版社（2012），第30～31页。

处文化境遇和文化发展目标,理性对待自身文化传统和外来先进文化,依靠自身的努力实践,从而创造出彰显其自身文化实力的成果,确立和增强自身文化地位的行为。文化自立是文化得以保存和发展的重要能力,是文化主体自身文化独立性得以彰显的重要保障。文化创造就是通过主体的创造性活动而获得先进的创造成果,继而增强自身文化实力的活动,它带给人们的是文化主体强大的生命力和发展动力。缺乏文化创造活力的民族、国家或个体是无法追求其自身文化自立能力的,反言之,任何一个文化自立的主体,其文化创造力和凝聚力都是十分强大的。事实上,文化自立不是仅仅停留在言语和思维中的美好愿望,它必须要通过积极地、扎实地、不懈地进行实质性的文化创造活动才能够取得,它是文化主体自强不息的生命体征,是多元文化背景下维系自身文化地位和文化身份的保障能力。因此,没有文化创造活力的主体是缺乏文化自立能力的,是不能独立地屹立于世界文化之林的,缺乏文化创造力必将导致丧失其文化传统,有损于其文化传承,使其成为"文化荒漠"。由此观之,不断进行文化创造的主体的生命力是顽强的,文化创造是文化自立的重要保证,也是文化主体具备自立能力的现实展现。

第四,文化创造是一种文化安全的需要。文化安全区别于以往的"传统安全(Traditional Security)——主要关注国家的政治和军事安全"[①],文化安全以文化主体自身文化传统和文化特色所具有的独立性为指向,既是一种对文化主体文化原创性和文化吸引力的保护能力,也是一种对文化主体文化创造成果的保障能力。众所周知,"我们正经历着一场文化地震——文化全球化,它几乎涉及地球的所有地方。文化全球化既不是一种简单的承诺,也非一种简单的巨大威胁,而是一种文化层面的多元化挑战,原先被认为是不成问题的传统如今陷于崩解,信念和生活方式出现了多种选择"[②]。由于文化多元化带来了价值观念与思维方式的多元化,因此,文化安全就意味着文化主体应保证自身文化的独立性,即要实现文化自立,这一点已经成为全世界的普遍共识。在这里,文化安全的取得和延续聚焦于对文化主体文化原创性和文化吸引力的保护能力与对其文化创造成果的保障能力。只有具有创造能力的文化主体才具有强大的生命

[①] 潘一禾:《文化安全》,浙江大学出版社(2007),第1页。
[②] 赛缪尔·亨廷顿、彼得·伯杰著,康敬贻译:《全球化的文化动力:当今世界的文化多样化》,新华出版社(2004),第1页。

力和吸引力，这样的文化主体才会具备自我调节、自我控制以及自我实现的能力，而这些能力在很大程度上维系着主体的文化传承，保障着主体的文化安全。很难想象，一个主要依赖模仿和抄袭的文化主体能够带来伟大的文化创造，这样的文化主体不仅无从谈及其文化的不断更新和发展，更无法保证其文化的主体地位，最终必然导致文化主体性的缺失和文化发展的滞后，甚至是文化传统的流失。此外，文化主体对已有文化成果的保护也是十分迫切的。就当今中国而言，虽然改革开放以来，综合国力得到了迅速的增强，但是长期以来主要依赖资源的粗放式发展以及来料加工的劳动密集型生产方式都在很大程度上制约着中国社会的可持续发展能力，同时，对既有物质文化成果和非物质文化成果保护的缺失，导致中国的文化遗产流失和被盗取严重，这些问题的出现主要是由于文化安全意识的淡漠，缺乏必要的保护措施和保障能力，而就其根源来说，这种窘况是由当前文化创造的低水平所致。文化创造不仅能够强化文化自身的独立性和特殊性，更为重要的是，它能够促使文化主体提升自身创造能力和水平，创造出更多具有自主原创性的文化成果，同时在不断创新发展的基础上，强化自身文化成果的保障能力。在当今的时代，文化主体如果不具备强大的文化创造能力，其主体性必将丧失殆尽，更无从谈起文化安全问题，可谓是"逆水行舟，不进则退"。因此，文化创造为文化安全提供了必要的保障，文化创造的过程就是不断增强自身文化安全的过程，文化创造成为一种文化安全的需要。

综上所述，文化创造能够增强文化自信、唤醒文化自觉、实现文化自立、保障文化安全，文化创造对于文化繁荣发展具有重要的实践意义。因而在多元一体的文化格局下，实现文化创造，提升文化创造力是一个国家和民族谋求发展的必然选择，中国的和平崛起更离不开文化创造所带来的文化自信、文化自觉、文化自立和文化安全。

2.2 文化创造力的表现形式

人类通过文化创造活动，不断提升文化创造力，文化创造力的实现过程必然是一个质变的过程，注重的是质的提升，并不仅拘泥于数量的积累和时空的扩张，也就是说，文化创造力体现的是创造主体的除旧推新，文化创造力实现的目的和归宿是否定旧质、创生新质。文化创造力是一种总体性的生成，具体表现为文化生产力、文化精神力、文化传承力、文化传播力、文化批判力。本书对中日近代之前文化创造力的考察也正是以文化创造力的五种表现形式为切入点选取可以对照的例证而得以展开的。

2.2.1 文化生产力

文化生产力研究有从经典马克思主义、当代西方马克思主义及其他西方思想家的文化理论出发而展开的多种研究。第二次世界大战以后，西方的文化研究从英国、德国、法国、美国等地迅速兴起，其中最有影响的是英国的伯明翰学派和德国的法兰克福学派。马克思在《1844年经济学哲学手稿》以及《资本论》中已经论及了资本主义生产方式中物质生产与精神生产的统一性，认为"艺术和文学"作为"工业的一个特殊部分"，因而也是一种"文化"的"工业"。马克思的观点是当代西方马克思主义文化研究中"文化工业"思想的起源。德国法兰克福学派的学者西奥多·阿多诺及马克斯·霍克海姆等人吸收了马克思关于经济、政治和文化在制度上相互分离的假说，提出了"文化工业"[①]的概念，并以此来批判资本主义社会下大众文化的商品化及标准化。这里的文化生产力，可以称为狭义的文化生产力。它聚焦于文化产业对具有一定精神、信仰、价值观、思想、知识的文化产品加工、复制、传播、展示、收藏的生产能力，是一种更加适用于经济高速发展、行业分类更加明晰的现代社会的文化创造力分析。

而广义的文化生产力立足于广义的文化概念，即："文化是一个历史进程：人类既是文化的创造者，又是文化的创造物。就像语言和宗教或法律和艺术一样，科学、技术和经济基本上是文化现象，由社会在它们的历史进程中创造，影响它们的进一步发展。文化是人类为了不断满足他们的需要而创造出来的所有社会的和精神的、物质的和技术的价值精华。"[②]因此，在文化哲学的视角下，文化生产力是文化主体在进行文化创造的进程中所体现出来的一种生产能力，它

[①] 文化工业，即大众文化产品的标准化、齐一化、程序化。一般把"文化工业"术语的发明权归于阿多诺和霍克海默。阿多诺1975年回忆说："'文化工业'（Culture Industry）这个术语可能是在《启蒙辩证法》这本书中首先使用的。霍克海默和我于1947年在荷兰的阿姆斯特丹出版了该书。"阿多诺：《文化工业再思考》，出自《文化研究》第1辑，天津社会科学出版社（2000），第198页。

[②] 欧文·拉兹洛著，戴侃、辛未译：《联合国教科文组织国际专家研究报告——多种文化的星球》，社会科学文献出版社（2004），第216页。

是文化创造力的具体表现形式之一，它不仅包含人类现实实践过程中所进行的物质数据的生产，同时也内含着精神方面的生产，是一种宏观意义的文化创造力表现形式。广义的文化生产力已经突破了一般生产力研究的社会学、经济学等研究范畴，有着更加宽广的内涵，它是文化创造力的现实表征，反映着文化最本质的力量；文化生产力的实现过程，就是人类不断地释放自身的创造能力和创造激情的过程。文化生产力不仅体现在文化创造的现实成果方面，同时更体现在对文化主体的创造方面；通常意义上讲的广义的"生产力"，除包括物质财富、精神财富的生产能力外，还包括人的生育和培养能力。事实上，文化生产力的水平直接反映的是文化创造力的水平，它所体现的是文化创造主体在创造活动中所具有的创造成果的生产能力，它是一种全面性和创造性的生产能力，是一种区别于静止的、片面的、简单的具体生产能力，它摒弃了物的"异化"，而是以促进人的本质能力的提升为根本任务，它并不局限于生产的"量"的积累，而是对"质"的超越，它体现了人类对真、善、美的崇高追求，体现了对人的生存意义与价值的追求，体现了对文化进步和社会发展的追求。本书对近代之前中日文化生产力的考察，是从广义的文化生产力概念出发，对中日两国农耕经济的起源、发展阶段及状况进行对比研究。

2.2.2 文化精神力

文化精神力，概括地说，就是各种文化因素在推进经济社会和人的全面发展中所产生的凝聚力、导向力、鼓舞力和推动力。它是文化创造力实现的重要指标，它所展示的是文化主体在其文化发展进程所创造出的文化优势和文化实力，体现出的则是基于自身文化实力基础上所形成的文化自信、文化自立与文化自强的主体心态。文化精神力根源于文化创造力，它是文化自身创造性和超越性特征的体现，只有具有强大的精神力的文化主体才能维系自身的主体地位，才能在多元文化的交融之中保持自身的独特地位，才能拥有文化竞争中的话语权。

从文化哲学的角度来看，文化精神力存在于多元文化主体的同生共长的文化竞争之中，而文化竞争就其内涵而言大致可以分为两种，即不同文化形态或文化模式下的文化竞争和同一文化形态或文化模式内部的文化竞争。文化精神是维系文化主体存在和发展的精神基础，它所包含的价值观念、道德伦理、宗教信仰以及政治法律思想都突出地体现了其文化的个性与特征，文化精神所蕴含的内在规定性成为其实现文化创造力的精神资源和文化传统。可见，不同文化主体之间的文化精神成为实现文化创造力的重要标准之一，只有在强大的文化精神和卓越的文化生产力基础上，才能取得文化竞争的先机，而这些都依赖于文化创造能力的提升。文化创造力肩负了文化精神的传承与保护，同时也体现了现实的文化创造能力，而文化精神力则是其有效体现；同时，文化精神力还体现在同一文化形态或文化模式内部文化主体之间的竞争，而这种竞争主要通过文化主体内在的文化实力体现出来，这种实力的获得基于其主体的知识结构、道德伦理、价值观念、审美能力以及管理协调能力等的建构基础之上，现实地表现为文化主体的创造能力。总之，文化精神力是不同文化主体之间基于自身文化认同的基础上，而在现实的文化竞争和文化创造过程中所彰显出的文化发展优势和实力。

文化精神力是文化主体所需要实现的文化发展目标，只有在文化竞争中取得先机才能得以发展，只有竞争才能具有创造的活力，因此，文化精神力是文化发展的内在驱动力。进而，文化精神力是文化生产力之外文化创造力的又一重要力量源泉。一个民族和国家的文化精神的形成往往要经历一个漫长的历史过程。在这个进程中，同一文化模式中的不同文化主体体现着不同的文化精神，经过不断的交融和更新，最终作为这种文化模式的独特文化精神固定下来。随着人类社会的不断进步和发展，多种文化模式接触不断紧密，而多种文化模式之间的文化竞争在表面上显现为经济、政治、军事等方面，但支撑这种多元文化背景下文化竞争的深层因素仍然离不开文化精神。中日两国的文化精神也不可避免地走过从内部各种思潮纷争到归于和谐统一的过程，而在多元文化交融的背景下，文化精神更应该起到支撑文化竞争的重要历史作用，所以，本书对近代以前中日文化精神力的考察主要是从中华民族自强不息、兼容并蓄的文化创造精神和大和民族综合统一、淳化超上的文化创造精神入手。

2.2.3 文化传承力

正如马克思所说，"人们自己创造自己的历史，但是他们并不是随心所欲地创造，并不是在他们自己选定的条件下创造，而是在直接碰到的、既定的、从过去承继下来的条件下创造"[①]。可见，文化传承力是文化创造的前提，文化发展的保障。文化传承力是文化主体基于对自身文化传统和文化精神的认知和理解，在现实文化创造进程中形成的文化续传和继承的能力，它是人类社会和文化发展进程中一种基本的能力，是文化创造力实现的基本表现形式之一。

人类文化的发展需要在既有的文化传统之上不断地创造。如果失去了文化传统，必然会引起对自身文化的怀疑，同时在文化发展的走向上也会迷茫，文化的自信和自觉更无从谈起。人类所具备的这种文化传承力正是一种对于自身文化根基的深刻理解，是一种对于自身生命意义和价值的终极关怀，正是因为有了这种文化传承力，人类才能够理性地思考自身的文化传统，也才能更加准确地把握未来。另一方面，文化创造可以将新的内涵和知识充实到文化传统当中，推动文化传统的再解释和再建构，文化传统得以延续和传承。由此可见，文化传承力不仅蕴含着主体对于文化传统的认知和继承，也体现了主体创造性的挖掘和发展，离开文化创造，文化传承力是难以实现的。

具体而言，文化传承力主要通过三个方面得以体现：

第一，文化传承力是在对既有文化传统进行创造性发展的基础上形成的，它是一种基本的文化保护能力；文化传统是前人所创造出的文化成果，它已经成为历史的一部分，在被认知之前，它仅仅是一种潜在的、可能的文化资源，只有通过后世文化主体创造性的开发和挖掘，文化传统才能获得新的生命活力，可以说文化传承力体现为现实的文化主体对自身文化的创造，而这种创造的过程就是一种传承。事实上，仅仅将文化传统的传承理解为认知是远远不够的，因为没有文化主体的创造，既有传统只能是没有生命力的文化化石，只能尘封于历史，与之相伴的是历史发展的惰性，这样的传统有时甚至会成为文化发展的阻力。正是从这个意义上讲，文化传承力是在对既有文化传统进行创造性开发的基础上所体现出的一种生命活力，而这种活力不仅有利于唤醒文化传统并促进其有效传承，更体现为对文化传统的责任、尊重和保护。

第二，文化传承力作为文化创造力的基本表现形式之一，着重地体现在其创造性的内涵方面，而这种创造性的现实表现就是批判地继承，即所谓的"扬

---

① 马克思、恩格斯：《马克思恩格斯文集》第一卷，人民出版社（2009），第470页。

弃"精神。这种"扬弃"精神是在客观地评价既有文化传统的基础上，取其精华、去其糟粕，以一种历史责任感和文化发展的使命感来看待文化传统，而不是简单地复古或通祖；就当前中国而言，对于中国文化传统的传承应该切实地建立在对中华文化内在精神和价值理念创造性开发的基础之上，例如，"和谐"观念就是中国传统文化中的重要思想精华，它来源于中国古代的大和思想，最早见诸于《易经·乾卦》的"乾道变化，各正性命，保合大和，乃'利贞'"[①]。通过现代意义的创造性解读和发展，大和思想或者说和谐观念已经具体化为"和谐社会"、"和谐世界"以及"和谐文化"等理念。

第三，文化传承力体现着一种文化创造的能力，也体现了一种文化发展的态度。一个民族或国家对于自身文化传统的态度决定了其文化发展的水平和能力，只有正视自己的文化传统才能够建构起自身的文化资源，为创造力的实现提供必要的保证；文化主体对自身传统的传承能力的水平高低决定了其文化发展的潜力，纵观人类历史，凡是文化昌明的时代，其文化的创造活力都会得以彰显，其文化传承力也必然强大。因此，文化传承力是创造性地继承和发扬文化传统的能力，是人类独特的生命传承能力。

2.2.4 文化传播力

文化具有流动性，并不是僵死的、固化的、静止的，流动性和开放性是其重要的特征，因而可以说文化是具有传播力的。但是，并不是所有的文化都具备传播力，一般来说具有强大生命力和创造活力的文化形态或文化模式，才可能产生对他文化的辐射作用，即文化传播力。另外，文化传播力是文化主体基于自身文化创造成果的基础，借助于必要的文化传播媒介而实现的辐射力和影响力[②]。

文化传播力的实现是文化创造力的一种具体展示，它彰显了文化创造成果的影响力和感召力；在现实的文化交流和传播过程中，文化主体通过必要的文化传播媒介，不断地扩展其文化的影响力，在积极吸收其他文化模式先进创造成果的基础上，促成自身文化的优化，从而不断地打破地域空间和结构空间的局限，获得更加广阔的生存空间，可见，文化传播力的发展水平直接关系到文

---

① 高亨：《周易大传今注》，齐鲁书社（1979），第53页。
② 杜刚：《全球化视域下文化创造力研究》，人民出版社（2012），第99页。

化主体文化交流中的话语权，是衡量文化强势与弱势的重要标准。如果说，文化传承力是一种文化纵向发展能力的话，那么文化传播力则是一种文化横向发展的能力，它是一种在共时时态下文化主体对于他文化所具有的文化影响力和文化辐射力。

在现实的社会与文化发展中，文化传播力具体表现为：

第一，文化传播力是建立在文化创造力实现基础之上的对外扩散能力；文化起源于交流与传播，而文化的生命力也在于此，人类文化发展的历史同时也是文化传播的历史，而文化传播建立在文化主体创造性地挖掘自身文化传统和生成现实文化创造成果的基础之上，文化传播是一种文化自信和文化开放的表现。开放的文化往往可以获得更加广阔的发展空间和机遇，通过不断地吸收先进文化元素，不断地充实其传播能力；而封闭的文化局限于有限的文化空间之中，以一种狭隘和保守的心态面对其他文化，这必然导致其缺乏创造的活力和宽广的视野，从根本上制约其文化的发展与进步，文化的传播力也无从谈起。

第二，文化传播力的实现建立在文化创造力实现的基础之上，文化主体只有具有强大的文化实力才能谋求文化传播力的实现。事实上，文化传播力的水平也体现在自身文化创造成果方面，丰富的文化创造成果为文化传播提供了现实的基础，先进的传播手段和工具也成为支持文化传播力实现的重要载体；当今的世界，计算机的普及、互联网的应用使得整个世界的联系日益紧密，开启了人类文化传播的新时代。而全球化背景下的文化传播力体现着文化的软实力，与文化的国际话语权密切相关。

第三，文化传播是一种文化主体单向性的辐射和影响他文化的方式，它与文化交流不同，文化交流追求的是文化之间的双向互动。文化传播的路径往往是由强势文化到弱势文化，而文化的强弱之分又根源于文化主体自身所具有的文化创造力。当某种文化的创造力较之他文化而言，具有文化发展的优势，会对他文化从器物到思想等多方面产生影响。在文化传播的过程中，一些国家将自己的文化强加给其他国家或民族的"文化霸权"主义，是一种文化传播力的歪曲，是一种文化沙文主义；文化传播力应该体现为不同文化主体建立在文化创造力基础之上的一种文化展示的能力，文化主体应该在文化交流和文化交往中，不断地促进自身文化创造力的提升，维护自身文化的主体地位；只有具有强大的文化创造力的文化主体，才能具有强大的文化传播力。

2.2.5 文化批判力

文化批判力是一种文化主体基于文化创造现实而生成的批判和反思能力，对文化发展进程和现实成果的理性反思，是一种文化的自觉和反省，是一种对文化创造可以起到支撑作用的批判性建构能力。文化批判力的实现基于文化的宏观性和总体性生成，不仅体现着对文化创造力及其表现形式的批判和反思，也体现着对于未来文化发展的预测和警示；不仅体现在纵向的内部反思，也体现在面对异质文化的横向比较。文化批判力是文化创造力的一种特殊表现形式，彰显了文化主体的理性辨别力和敏锐的洞察力，具体体现在以下三个方面：

第一，文化批判力集中体现了文化的创造性和超越性的特征。文化创造本身就是一个对既有资源的批判和超越的创造过程，文化创造促使文化成果更为丰富和充实，最终得以丰富和发展人的内涵；文化本身就是建立在对传统的反思和批判的基础之上的，因此离开反思和批判，文化的超越便成了无源之水，文化也将不复存在，人类将失去生存的依据；批判和反思也是人所具备的一种特殊能力，作为文化主体的人正是通过自身的理性，深切地体会着世界、反思着自身，以一种批判的方式诠释着人类与文化的发展。

第二，文化批判力是一种特殊的文化创造力表现形式，是文化主体文化自觉的一种强烈表现。文化批判以理性思考作为工具，在考察现实创造成果和文化传统的基础上，冷静地进行反思，从反思的角度为文化创造力的提升指明方向，文化批判力所展现的文化创造力正是基于这样的文化反思之后的再解释和再构建。可见，文化批判力体现了文化主体的文化自觉，是一种文化心态成熟的表现。也只有在深刻地反思自身的现状和发展的基础上，文化创造的潜在活力才可能被激活，从而实现文化创造力的现实生成。

第三，文化批判力是一种全方位的反思和批判能力。所谓的全方位的反思和批判是指既从传统的角度出发反思自身文化，又从二元及多元的共时性背景出发批判自身文化以及外来文化。反思传统可以去伪存真，传承精华，去除糟粕；而对外来文化的批判，可以不受蛊惑，以包容和扬弃的心态吸收外来先进因子为我所用，助力自身的文化创造力的实现和超越。在多元文化交融的时代背景下，文化批判力的实现可以让文化主体理性地对待文化与社会的发展，以一种开放的姿态面对各种挑战。在批判的基础上，反思自身的文化传统和现实创造能力，以开放和包容的心态，对异质文化进行"扬弃"，借鉴其先进的成果，充实自身的文化内涵，从而促进自身文化创造力的提升。简而言之，文化批判力是一种文化创造力的特殊表现形式，是文化主体的文化自觉，更是一种文化成熟和健全的表现，只有建立在反思和批判基础上的文化才具有强大的文化创造活力。

2.3 多元文化背景下文化创造倾向的解读

本书基于文化创造力的主要表现形式展开对近代以前中日文化创造力发展状况的对比考察，从而探究中日两国文化创造倾向方面所体现出来的不同特点，在挖掘中日传统文化中创造性因子的同时，构建多元一体文化格局下文化创造力的提升体系。面对纷扰复杂的多元文化，搞清一个国家或者民族的文化创造传统倾向是构建文化创造力提升体系的关键问题，因而本书从文化哲学的角度出发对多元一体文化格局下文化创造的倾向进行了以下解读。

2.3.1 创造性倾向和受容性倾向

文化创造是产生文化价值的人类活动。狭义的文化创造指发明新文化价值的人类活动，可以被称为"文化发明"。广义的文化创造包括文化创造以及文化传播中的文化受容。文化受容又可以分为"文化复制"和"文化再创造"。文化复制指一种文化价值在传播过程中的重复创造，文化再创造是指一种文化价值在传播中所产生出来更大的价值和新的效用价值的创造[①]。

文化创造意味着突破自身文化并实现自我更新。文化多元化带来了价值观念的多元化和文化受容的多路径创新。异质文化与传统文化相互交融的背景下，文化创造更需坚定文化自信，理性对待自身文化和外来文化，既要充分地认识自身的文化价值，产生充分的认同和肯定，确立理性的文化自信，又要激发文化自觉，对自身文化进行"扬弃"，通过批判和借鉴先进外来文化，彰显文化活力，并在激发文化主体创造力的同时，强化文化安全意识，维系主体文化继承。因此，多元文化背景下的文化受容也以一种创造力的形式得以展现和发

---

① 冯天瑜：《中华文化辞典》，武汉大学出版社（2001），第11页。

挥，具体体现为文化自信包容文化并存、文化自觉激发文化融合、文化自立彰显文化活力、文化安全维系文化传承。

文化发明和文化受容的关系，用"相生相伴""不离不弃"形容不为过，妙处在于文化发明是文化突破既有传统而得以更新的过程。而文化创造的本质中所蕴含的"文化自信的增强""文化自觉的激发""文化自立的确立""文化安全的维系"，恰恰是在文化受容进程中异质文化和主体文化两种力量此消彼长的适时表现，更有意思的是，这个表现不是静态的，而是动态的，且充满着正能量和创造力。

而对一个国家在文化创造方面的传统和习惯进行分析的话，我们会发现任何一个民族和国家的文化创造都是在本土文化的独立发展和对外来文化的吸收的基础上实现的，有些民族和国家的文化更倾向于自立更生，有些民族和国家的文化则更擅长于兼容并蓄。本书将倾向于自力更生的文化称为创造性倾向的文化，擅长于兼容并蓄的文化称为受容性倾向的文化，即，文化创造视角下，一种文化是创造性倾向还是受容性倾向比较明显。中日两国文化的发生和发展充分地体现了创造性倾向和受容性倾向这两种不同文化创造传统引导下的文化创造力实现的异同，具体而言，近代之前，中国在多方面体现出优越于日本的文化创造力，而近代之后，日本的文化创造力却在很多方面超越了中国，当前多元一体的文化格局下，各种文化的接触日益紧密，文化创造力的实现对文化受容的依赖日益加深，虽然中国也在积极地接受着外来文化，但总体来说效果还不够理想，因此找到一条促进中国异文化接受进而有效促进文化创造力整体提升的积极的文化受容路径显得尤为重要，而对积极的文化受容路径的探寻首先需要解读文化受容的相关理论。

2.3.2 文化受容的解读

正如上文所述，文化受容包括文化复制和文化再创造，它是文化创造的重要组成部分。一般来说，异质文化的受容可分为三种路径：第一种是允许异质文化的存在，并在不与内在文化发生碰撞的基础上受容异质文化，从而创造出并存性文化（受容Ⅰ型）；第二种将外来的异质文化同化到内在文化的行为逻辑或内在价值体系当中，创造出融合性的综合文化（受容Ⅱ型）；第三种是外来的异质文化替代原有的内在文化，并最终形成外来异质文化占支配地位的文化形式（受容Ⅲ型）。

这三种文化受容路径又可以分为积极路径和消极路径，而判断文化受容路径积极与否的依据在于主体文化如何借助于客体文化进行文化转型。其中，主体文化在受容客体文化时，不以改变主体文化为目的，而是将客体文化作为内容或者手段，用以实现主体文化的继承和更新的文化受容路径被称为积极的文化受容路径；与之对应，主体文化丧失生命力，受容客体文化后形成的新文化，与传统的主体文化之间形成断层的文化受容路径，一般为消极的文化受容路径。可见，评价依据是基于主体文化的自身调节机能，即在时间上能否延续、在空间上能否扩张。基于这样的分类标准，受容Ⅰ型和受容Ⅱ型可以看作积极的文化受容路径，而受容Ⅲ型则属于消极的文化受容路径。积极路径和消极路径之间可以互相转化，在消极的文化受容路径中，主体文化迫于政治、经济、军事等原因不得不以隐忍的形式发展、扩大，当力量对比发生变化时，其文化记忆被激活、复苏，有可能转为积极的文化受容。也就是说，一个国家或者民族的固有文化在消亡后，有可能恢复其文化记忆，从而得以再生。这样，消极的文化受容路径也可以和积极的文化受容路径一样起到促进主体文化更新的作用。

2.4 三种文化受容路径的特性

2.4.1 积极路径——受容Ⅰ型

上述的三种文化受容的路径分别有着自身的特性，具体而言，A文化和B文化没有冲突、和谐共存的文化受容Ⅰ型，从其文化受容的结果来看具备下列的特性：

第一，两种文化各自的特色得以保留和并存，即A文化和B文化保留着异质性，互相没有冲突和摩擦。因此，可以认为这种路径下的文化受容只是停留在文化的表层范围。

第二，两种文化的异质性很显著并具有可变性，同时，这种并存状态只是一时性的过渡。受容Ⅰ型在某种力量的作用下，有可能转变为受容Ⅱ型，或者转变为受容Ⅲ型。即受容Ⅰ型会根据文化的内在机制（文化的综合力、文化的虚无主义、历史经济背景等)和外在机制(军事力量的投入、殖民主义的控制、人口大规模的迁移等)的强弱转变为受容Ⅱ型或受容Ⅲ型。

第三,受容Ⅰ型向受容Ⅱ型转移的复杂性。受容Ⅰ型进行的选择和操作更多是分离性的,如果要促使受容Ⅰ型向受容Ⅱ型转化的话,需要更多地进行吸收性和融合性的选择和操作。而吸收性和融合性的选择和操作主要体现在以下两个方面:一方面需要对外来文化的异质性进行合理的读解、融合,另一方面必须对传统的固有文化进行再解释和再建构。如果文化主体的选择和操作不能充分介入的话,受容Ⅰ型突变为受容Ⅱ型,反而会破坏固有文化和外来文化并存状态下的稳定性和协调性。

第四,受容Ⅰ型的静止结构。保持受容Ⅰ型不变的话,就是拒绝受容Ⅰ型向受容Ⅱ型或受容Ⅲ型的转移。虽然受容Ⅰ型在理论上是有着向特定方向(受容Ⅱ型或受容Ⅲ)转变的倾向,但在构造上来说有可能在相当长的一个期间保持静止状态。这种静止状态取决于文化的内在结构,是对文化机能性的拒绝。

2.4.2 积极路径——受容Ⅱ型

第一,融合性与创造性。受容Ⅱ型一般来说是由受容Ⅰ型转化而来的,随着时间的流逝,受容Ⅰ型所呈现的并存并相对独立的A、B两种文化,在特定的条件下,经过融合和合并形成C文化。这里所说的特定的条件是指受容Ⅰ型向受容Ⅱ型转变中不可或缺的外在或内在机制。这种外在或内在机制,包括文化受容的原动力、文化更新的操作性和文化的自律性等。在这样的文化受容路径下,异质的外来文化会被固有文化同化,进而与固有文化相融合,创造出新的价值。融合性与创造性是受容路径Ⅱ型显著的积极特征之一。

第二,固有文化具有灵活性和开放性。受容路径Ⅰ型向Ⅱ型正向迁移的实现要求固有文化的内在机制具有灵活性和开放性。灵活性可以缩小固有文化的执着和消除吸收外来文化时的隔阂。因为只有具备这样的灵活性,主体文化一方面可以避免走向文化的虚无主义或国粹主义,并能够与这两种文化极端主义相抗衡从而得以接受外来文化;另一方面,通过对传统文化的扬弃,可以在多元一体的文化背景下有效地传承和保护本土文化。所谓的开放性是指主体文化具有开放的结构,可以持续地、大量地、广泛地吸收外来文化。灵活性和开放性的形成，绝不是某时刻突然发生的，而是一个长时间的历史累积过程，是本土固有文化内在功能发挥作用的结果。

第三，表层到深层的文化受容。在这种文化受容路径下，文化的受容不只停留在表层文化，与表层文化现象相关联的制度、理念等深层文化也会对外来文化进行受容。这种特性的具体表现为：A、B两种异质文化相接触，当B文化在物质的方面比A文化先进，或者B文化是在制度、理念方面被认为具有普遍性和合理性，A文化对B文化的受容便会在表层和深层同时展开。

首先，从物质层面上来讲，受容Ⅰ型向受容Ⅱ型的迁移（模仿到再创造的迁移）很容易实现，而与之相对应的制度、观念方面的迁移则可能会出现受阻和延迟。因为如果对外来制度和观念存在着文化歧视和偏见的话，这种迁移便不会产生，或者功利性地只选择某种特定的制度和理念进行接受的话，这种迁移也会延迟。之前所说的受容Ⅰ型向受容Ⅱ型迁移的复杂性也正在于此，即制度、理念方面文化受容的复杂性。所以，路径Ⅱ型的文化受容不再是功利性地只接受某种制度和观念，也不再是拒绝深层只停留在表层的文化受容，而是在继承和保护固有文化独特性的同时深层次地吸收外来文化的共通部分。

其次，A文化在制度、观念方面拒绝受容B文化，往往会造成物质层面文化接受的障碍。所以在路径Ⅱ中，固有文化对外来文化的受容应该从物质和观念这两个方面进行，从而实现固有文化内外结构的再平衡。固有文化的内外结构从不均衡到均衡，从不适应到适应虽然是一个长期的历史过程，但却是一种积极的受容路径。

第四，受容Ⅱ型因为宗教、政治等限制条件也可能向路径Ⅰ型逆向迁移，这种逆向迁移并不一定是消极的受容。比较明显的例子是因为宗教热潮、国际政治力量对比等外在原因导致的逆向迁移以及固有文化的短暂消失。这些现象表面上看起来是文化发展方面的倒退，但只要文化受容的整体结构功能没有倒退，这些部分要素的逆向迁移不会妨碍其受容指向的积极性。比如中国文化在接受外来文化的过程中，曾经出现了文化受容的失败，传统文化出现了遗失的情况，但当前中国正表现出文化创造和文化上升期的恢宏博大、进取向上、朝气蓬勃的气象。

通过对以上两种积极文化受容路径的解读，可见，积极的文化受容由受容

Ⅰ型和受容Ⅱ型两个阶段构成，固有文化和外来文化的并存和重叠，二元文化或者多元文化并存的情况不可避免；受容Ⅰ型是短暂的、过渡性的、不妥协的受容方式，受容Ⅱ型是柔和的、开放性、融合性的受容方式；积极的文化受容虽然会出现某些层面的文化倒退，导致这种倒退的原因是部分因素的操作和解释出现了问题，只要整体结构的自立性和积极性仍然得以保持，其文化受容就不能被称为消极的文化受容。

2.4.3 消极路径——受容Ⅲ型

受容Ⅲ型一般表现为，A文化和B文化接触，A文化取代B文化，或者是B文化取代A文化，这种受容路径所导致的文化受容的结果往往是某一方传统文化的完全消失。其中最典型的是两种文化接触时，A文化单方面地、强制地要求B文化接受，B文化不得不接受A文化，最终丧失本国固有文化的力量。例如，非欧美地区和传统国家的固有文化在被殖民地主义者征服后的解体。另外，A文化或B文化有时也会采取激进的受容方式，在引进外来文化时，因为文化虚无主义对固有文化全面否定，这种激进式的文化受容往往是以固有文化的丧失为前提，在受容指向上多显现为消极受容。但是，如前所述，如果只是对部分因素的操作和解释出现了倒退，文化受容整体结构的自立性和积极性仍然得以保持，这时的文化受容仍然是积极性的。即，A文化处于受容Ⅰ型阶段，虽然部分地转化为B文化，但只要不向受容Ⅲ型转移，其受容方式仍然为受容Ⅰ型。

近代以来，在西方殖民主义的强烈的外力作用下，受容路径被进一步细化，各种文化之间更加富有流动性。根据近代殖民主义势力的强弱，出现了四种形态文化受容路径转换过渡：受容Ⅰ型→受容Ⅱ型、受容Ⅰ型→受容Ⅲ型、受容Ⅲ型的持续、受容Ⅲ型→受容Ⅰ型。

受容Ⅰ型→受容Ⅱ型的转化过渡。在这种转化形式中可以看到，即使存在殖民主义，也可以完成受容Ⅰ型到受容Ⅱ型的转化。近代的殖民主义虽然会毁灭传统文化，但也可能使传统文化得到复苏。殖民地化会导致传统文化被人为地破坏，但也提供了把近代文化作为道具激活传统文化的契机。殖民和反殖民的时期，如果出现这样的过渡形式，文化受容的整体结构仍然维持着正向的指向，如果产生双重文化、复合文化的话，反而更容易让外国人理解，成为观光资源和文化资源。殖民地化所产生的受容Ⅰ型→受容Ⅱ的转化形式或者两种受容路径的复合形式，就其指向性而言，政治上是负向，在文化方面则呈现正向。

受容Ⅰ型→受容Ⅲ型的转换过渡适用于在一定条件下受容Ⅰ型→受容Ⅱ型的转化出现挫折的情况。在这种转化形式中，殖民地统治者在政治上使用高压的政治手段，主导着文化的优势、文化的进化论；或者，成为殖民地的传统国家对殖民统治的排斥和抵抗十分薄弱。

受容Ⅲ型的持续是指传统国家的固有文化不能适应被殖民化，没有延续的文化生命力，因为外来文化的冲击而走向消亡。而去殖民地化之后，固有文化还存在着复兴的可能性，也就是说，可以使转换过渡形式发生逆转。

受容Ⅲ→受容Ⅰ的过渡，即使被殖民化，固有文化也只是表面性的消失。在去殖民地化之后，固有文化被激活。转移形态发生逆转，转化方式的指向性有由消极向积极转变的可能。第二次世界大战后被殖民国家取得独立，其固有文化的复兴和重建便是其中比较显著的例子[①]。

正如戴建方所提及的下图所示，四个转换过渡形态发生的基本因素在于殖民地统治下固有文化的内在机制作用。也就是说，在殖民统治的外压下，内在的机制——文化受容结构性操作和规定的可能性起到了至关重要的作用。中日两国近代以来的文化创造力发展的差异可以说主要是由于西方文化冲击下文化受容路径选择和转化方面的差异所导致。从文化受容的角度来看，中国因为在近代以前一直处于文化的中心地位，其文化受容更多地表现为对他文化的同化，而随着近代以来文化中心地位的丧失，中国的文化受容并没有取得整体性的成功；而日本一直以来积极受容外来文化，并且习惯于与外来文化的并存和逐步融合，很好地做到了受容Ⅰ→受容Ⅱ的积极转化，有效地避免了向受容Ⅲ的转化，所以其近代的文化更新可以比较从容地完成。本书对近代之前中日两国文化创造力的对比，正是要印证中日文化创造以及文化受容中的传统倾向，进而探求多元一体文化格局下文化创造力实现的有效路径。

[①] 戴建方：《清末の近代文化の再構築問題（1875—1898）：文化変容に関する理論的考察》，神戸大學博士論文（2007），第14～17頁。

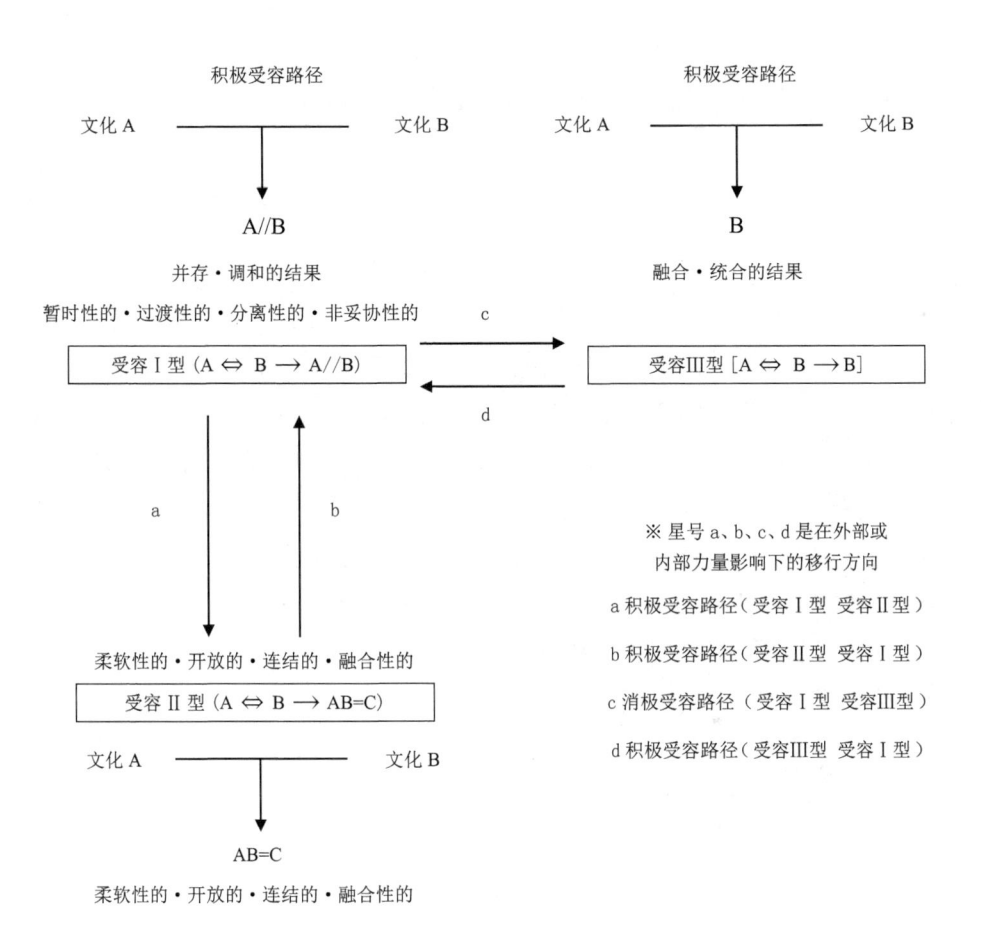

第2章 多元文化视角下的文化创造

```
        积极受容路径                            积极受容路径
文化A ─────────── 文化B            文化A ─────────── 文化B
            │                                    │
            ▼                                    ▼
          A//B                                   B
      并存·调和的结果                       融合·统合的结果
```

暂时性的·过渡性的·分离性的·非妥协性的   c

　　受容Ⅰ型 (A ⇔ B → A//B)   ⇌   受容Ⅲ型 [A ⇔ B → B]
                                         d

　　　　a ↓   ↑ b

　　　　　　　　　　　　　　　　　　※ 星号 a、b、c、d 是在外部或
　　　　　　　　　　　　　　　　　　　内部力量影响下的移行方向

柔软性的·开放的·连结的·融合性的

　　受容Ⅱ型 (A ⇔ B → AB=C)   a 积极受容路径（受容Ⅰ型 受容Ⅱ型）

文化A ─────────── 文化B   b 积极受容路径（受容Ⅱ型 受容Ⅰ型）
            │
            ▼   c 消极受容路径（受容Ⅰ型 受容Ⅲ型）
          AB=C
                                    d 积极受容路径（受容Ⅲ型 受容Ⅰ型）
柔软性的·开放的·连结的·融合性的

第3章 农耕经济发展视角下的中日文化生产力

文化生产力是文化创造力的具体表现形式之一,它已经突破了一般生产力研究的经济学、社会学等范畴。但是,在近代以前漫长的历史进程中,中日两国的文化生产力比较显著地体现在两国农耕经济的发生和发展方面,所以本章对中日近代以前文化生产力的考察主要从两国农耕经济的发生和发展展开。

众所周知,自古以来,中国和日本两国同属东亚文化圈,这一文化圈的经济类型以农耕经济为主。在原始社会阶段,中日两国都存在着狩猎采集的经济方式,随着生产力的发展先后进入了农耕社会,开启了各自的农耕文明。由于地理自然环境等的不同,中日两国进入农耕社会的时期不同,农耕经济的结构和发展态势等都存在着差异。中国在经济结构上较早地形成了以农耕为主,手工业、工商业为辅的典型的小农经济;而日本虽然在弥生时代进入了农耕社会,但渔猎经济还在很大程度上有所保留,这也就造成了渔民在农民阶层中占有较大的比重。同时,日本的农耕经济在中国农耕经济的传入和刺激下得以展开,并在生产技术等方面形成了独特的发展模式。

3.1 原发兴起的中国农耕经济

3.1.1 中国农耕经济的起源

作为东亚文化圈中心的古代中国拥有着典型的农耕经济,这与中国所具备的地形、地理、气候等条件息息相关。在各种地形中,平原最适合农耕生产,而中国恰恰拥有着为数众多且广阔的平原,如东北平原、华北平原、长江三角洲,等等;农耕文化即"河流文化",中国所拥有的众多河流可以充分满足农业灌溉的需求,正如古希腊历史学家希尔多德盛赞埃及是尼罗河的"赠礼"那样,灿烂的中国农耕文化是黄河、长江等几条大河的"赠礼";中国大部分地区属于亚热带、暖温带及中温带,作物耕作期与生长期较长,这种高"积温"的气候特点特别适宜农业生产的发展,例如中国的棉花、水稻等作物的种植区比世界其他国家偏北,许多地方双季稻可以连续或间作;另外中国拥有着极为丰富的土壤类型，适合于各种植物的生长。因此，与中西亚农业文明并驾齐驱的仰韶文化①的出现标志着古代中国进入了农业文明阶段，而同一时期的日本、朝鲜、越南等地区的人们还处于采集、渔猎的文化阶段。

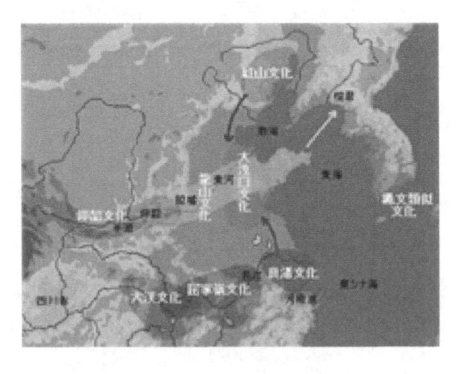

仰韶文化地理图　　　　　　　　　　仰韶彩陶

根据历史研究，在农耕经济出现的初期，黍与稷作为中国北方最早的农作物便已经被相关史料所记载，而甲骨文中提及"黍"字最多。商代以占卜来预测收成的好坏，并用甲骨文进行记录，出土的商代甲骨文中多有"求黍"及"求黍年"等字句，但未见有"求麦""求稻"。可见，因为黍比较粗生粗养、易于耕种，便成了商代的主要农业作物，而这一时期虽然也出现了稻、麦等比较珍贵的品种却难以生长并取得丰收，所以商代求丰年只求黍，《诗经》中提及"黍""稷"两字很多，可资证明。如《诗经》有云："黍稷稻粱，农夫之庆。"②表达的便是在当时的农作物生产中看重的是黍稷的丰收。随着农作物的不断开发，中国慢慢出现了"五谷"（黍、稷、稻、麦、粱）的说法，之后又出现了豆，则称"六谷"，再加上后来开发的品种，慢慢地形成了"九谷"，即黍、稷、稻、麦、粱、大小豆、麻与菽。

《诗经·七月》③十分详细地述说了中国古代农业经济及农村农民生活的状

---

① 仰韶文化是距今约5000—7000年前中国新石器时代的一种彩陶文化。因1921年首次在河南省三门峡市渑池县仰韶村发现，故按照考古惯例，将此文化称为仰韶文化。主要分布于黄河中下游一带、以秦晋豫三省为核心的中原地区，以陕西大部、河南西部和山西西南的狭长地带为中心，东至河北中部，南达汉水中上游，西及甘肃洮河流域，北抵内蒙古河套地区。冯天瑜：《中华文化辞典》，武汉大学出版社（2001），第43页。
② 程俊英：《诗经译注》，上海古籍出版社（1985），第454页。
③ 程俊英：《诗经译注》，上海古籍出版社（1985），第265～269页。

况。此诗虽未说明作物的耕作时间顺序,但可以从下种的日期看出,高粱是在古历正月下种,春天为蚕桑之时(插秧期),夏天则盛产瓜茄蔬菜,同时也表明稷是五谷之长。而对于稻,《诗经·七月》只提了一句"十月获稻,为此春酒"[①],说明当时的稻只是少量耕种并用于酿造老人饮用的酒水,并且这里所提到的稻应该是旱稻。此诗述说农事极详,却不提及种稻之法,也说明了当时稻的种植没有形成规模。此外,《礼记》《管子》所记载的史实也都可以证明春秋以前,中国人民主要是在山坡陵阪地区种植黍稷等旱地作物。

春秋以后,人们一般仍然以高粱为主要粮食。《论语》中说"饭疏食"[②],疏即粗,意思是说吃高粱之类的粗饭。关于这一点的史料还有《礼记·玉藻篇》中所说的"稷食"[③],意思是说以高粱为主食。《左传》中曰:"粱则无矣,粗则有之。"[④]粱指小米,粗指高粱。孔子曰:"食夫稻,衣夫锦。"[⑤]说明孔子当时以稻米为主食,生活已经比较讲究。《战国策》中说道:"东周欲为稻,西周不下水。"[⑥]说明东周人想要种稻子,但因为缺水,所以只能改种麦子。通过以上典籍的记录可以看到,中国古代农作物生长主要分期为:西周以前为黍稷时期;春秋至战国为粟麦期;慢慢最后形成稻米期。

3.1.2 小农经济的形成

从春秋战国逐渐形成的以小土地经营为基础的综合型经济形态——小农经济便开始占据中国农耕经济的主导地位。历史上,小农经济的参与者主要包含了三种农民,即自耕农、租佃农和依附农民,其中以自耕农和佃农为主。春秋战国时期,铁制生产工具在农业生产的逐步运用、集体经济的解体、井田制的瓦解和土地私有制的产生、重农政策的推行,都促进了小农经济的形成和初步发展。

---

① 程俊英:《诗经译注》,上海古籍出版社(1985),第268页。
② 程树德撰,程俊英、蒋见元点校:《论语集释》,中华书局(1990),第465页。
③ 郑玄注,孔颖达疏:《礼记正义》,北京大学出版社(2000),第1024页。
④ 左丘明传,杜预注:《春秋左传正义》,北京大学出版社(2000),第1926页。
⑤ 程树德撰,程俊英、蒋见元点校:《论语集释》,中华书局(1990),第1236页。
⑥ 刘向:《战国策》,上海古籍出版社(1985),第9页。

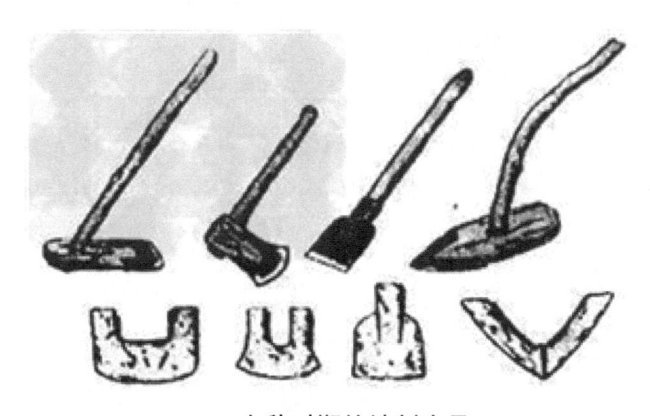

春秋时期的铁制农具

春秋时的管仲曾说:"今铁官之数曰:一女必有一针、一刀,若其事立;耕者必有一耒、一耜、一铫,若其事立;行服连轺辇者,必有一斤、一锯、一锥、一凿,若其事立;不尔而成事者,天下无有。"① 这充分证明了当时铁具的普遍应用,而铁制农具的应用使以户为生产单位的个体经营方式成为可能。商周时代的农业集体经济逐渐被个体经营所取代,而随着井田制的瓦解和土地私有制的产生,中国历史上最早的自耕农在春秋战国时期得以出现,这些自耕农来源于接受了国家的授田并获得自耕地私有权的奴隶和平民,原来的奴隶主则被新兴地主所代替。一些新兴地主把自己的私有土地划分成小块,租借给流亡奴隶和破产平民耕种,从中收取地租,这些逃亡奴隶和破产平民成为最早的租佃农。此外,"隐民""私属民"之类的奴隶也伴随着封建生产关系的滋长转化成为依附农民。

随着生产技术的变革,当时的各国纷纷推行重农政策以促进农耕的发展。春秋时的政治家就已经开始重视农耕生产,其中齐国的管仲认为"务五谷,则食足,养桑麻,育六畜,则民富"②,"欲为其国者,必重用其民;欲为其民者,必重尽其民力"③。战国时,重农思想得到延续和加强,并且出现了农战相结合的思潮,力图通过发展农业达到富国强兵,这样一来农业的发展上升到了国家战略的高度。其中的代表人物是秦国的商鞅,他认为"国之所以兴者,农战

---

① 黎翔凤:《管子校注》,中华书局(2004),第 1255 页。
② 黎翔凤:《管子校注》,中华书局(2004),第 14 页。
③ 黎翔凤:《管子校注》,中华书局(2004),第 47 页。

也"①;"国待农战而安,主待农战而尊"②。在商鞅的倡导下,秦国采取了一系列措施以发展农业,达到了富国强兵的目的。如奖励垦荒、轻税免役等,坚持"农本商末"的立场,鼓励耕织。由于以上的原因,以小农经济为主的农耕经济在春秋战国时期得以确立并得到了初步的发展,在中国漫长的历史进程中展现出了以农耕文明为代表的强大文化生产力。

3.1.3 农耕经济的发展

秦汉魏晋南北朝时期(前221—580),随着耕种技术的提高、栽培技术的改进、农产品加工技术的进步、水利工程的建设和发展、粮食品种的开发和产量的增加,农耕经济得到了进一步的发展。这一时期,铁制农具和牛耕技术得以广泛推广和使用,铁犁牛耕技术出现了两牛抬杠式和双辕犁的一人一牛耕作方式;耕田的整塯技术得到重视和提高,如《齐民要术·耕田》提到"耕荒毕,以铁齿镂榛再遍耙之"③,意思是说在开荒之后用铁齿镂榛将耕地耙一遍。铁齿镂榛是一种由畜力牵引的耙,可以使土地细碎疏松,并可去掉草木根茬便于耕种。秦汉时人们已经开始重视选种、留种、播种等栽培技术的改进和提高。因此,作为农业经济发展重要衡量指标的粮食产量得到了一定程度的提高,从山东临沂银雀山汉墓所出土的有关亩产量的竹简中可以推断,东汉时期"中田亩廿斗""上田亩廿七斗""下田亩十三斗",合大田分别为4.8石、6.48石、3.12石,完全高于之前的时代。

二牛抬杠耕作　　　　　　　银雀山汉简

---

① 蒋礼鸿:《商君书锥指》,中华书局(1986),第20页。
② 蒋礼鸿:《商君书锥指》,中华书局(1986),第22页。
③ 缪启愉:《齐民要术校释》,中国农业出版社(1998),第37页。

3.1.4 农耕经济的成熟

隋唐宋辽金元时期(581—1367)是封建社会进一步向前发展、农耕经济趋于成熟的阶段,其间虽然也出现了一定时期的国家分裂和社会动荡,在一定的范围上减缓了社会经济的发展,封建经济也经历了波动起伏,但中国农耕经济还是不可阻挡地进入了成熟期。

这一时期农耕经济的成熟表现为,人口的繁殖与田地的大量垦辟,如唐贞观十三年(639)人口达3041871户,12331681口[①];元代至元二十八年(1291)人口已达13430322户,59848964口[②]。

生产技术发展到了一个新阶段,其中最突出的就是犁结构的重大改进,晚唐陆龟蒙所著的《耒耜经》中提到的江东犁已经由11个部件构成;北宋时,宋人创造出了用人力推动的"踏犁""秧马",并改进了耧车插秧的技术;在灌溉方面,北宋时已经出现了连筒、筒车、桶车、水轮等效率更高的水车。当时粮食产量大幅度增加,如宋时南方一般亩产量为谷二至三石[③],合今计量单位1市亩地约产谷1.7市石。

江东犁	耧车

农田水利建设跨上了一个新台阶,经济重心的南移使南方水利事业迎来了一个高潮,南方经济得到进一步发展。隋唐时期,全国的经济重心还在北方,因此水利工程建设也偏重于北方,南方的水利建设虽然也取得了一定程度的发展,但还无法与北方相提并论。隋朝修复改造了很多水利工程,如在蒲州(今

---

① 梁方仲:《中国历代户口、田地、田赋统计》,上海人民出版社(1980),第78页。
② 梁方仲:《中国历代户口、田地、田赋统计》,上海人民出版社(1980),第176页。
③ 梁方仲:《中国历代户口、田地、田赋统计》,上海人民出版社(1980),第545页。

山西永济)"引瀵水、立堤防,开稻田数千顷,民赖其利"①,而唐政府更是重视农田水利的兴建,中唐后及五代,全国经济重心开始南移,南方掀起水利建设的热潮,《新唐书·地理志》所载,唐后期修筑的水利工程,南方已经显著多于北方,占总数的4/5。宋辽金元时期,在全国范围掀起了一个规模空前的农田水利建设高潮,仅在熙宁三年至九年间(1070—1076)就修建了10793处水利工程②。

作物品种的交流及土地利用的扩大。隋唐时期北方水稻种植面积有了扩展,如长江、河南道、洛阳等地都有一定的种植,但是旱作地区仍然以种稷、麦、桑、麻为主。北宋时期,南北农作物品种得到进一步交流,宋太宗淳化年间(990—994)因连年水灾,临津县令率人引淀水灌溉种植水稻获得成功后,水稻种植又被推广到河南北部、河北南部;而在南方,宋太宗时就"诏江南、两浙、荆湖、岭南、福建诸州长吏,劝民益种诸谷,民乏粟、麦、豆种者,于淮北州郡给之"③,推广小麦的种植,南宋时出现了所谓"中原士民,扶携南渡,不知其几千万人"④的北方农民南迁的景象,北方人民的大批南迁促进了南方小麦种植的渐趋普遍。

经济作物的推广及粮食产量的增加。经济作物的推广最显著的例子是茶叶的推广,饮茶之风原盛于南方,六朝以后,在北方也开始盛行起来,尤其是中唐以后,茶风极盛,出现"茶为食物,无异米盐"⑤的情况,茶叶成为南北人民日常饮料之一。同时,在与突厥等民族和周边等国家的贸易中,茶叶成为大宗的贸易品。社会需求的增加刺激了南方茶叶的生产,其种植范围不断扩大,遍及今四川、浙江、安徽、云南、福建、广东等地区。

3.1.5 明清时期的农耕经济

明清时代,农业仍然是主要的生产部门,在经历元末的衰敝后,农耕经济又得到了进一步的发展。由于政府鼓励农耕、推广屯田、大面积兴修水利,明朝时的耕地面积得以不断扩大。明洪武十四年(1381)全国耕地为366711549

---

① 魏征:《隋书·杨尚希传》,中华书局(1973),第1252页。
② 齐涛:《中国古代经济史》,山东大学出版社(1999),第170页。
③ 脱脱:《宋史》,中华书局(1977),第4159页。
④ 李心传:《建炎以来系年要录》,中华书局(1956),第1428页。
⑤ 刘昫等:《旧唐书·李珏传》,中华书局(1973),第4504页。

亩，到万历六年（1578）年则提高到 701397628 亩，明末崇祯年间（1628—1644）提高到了 783752400 亩。人口则由洪武十四年的 59878305 口上升到永乐元年（1403）的 66598337 口[①]。而清朝也继续鼓励垦荒运动，雍正二年（1724）年耕地数达到了 890647524 亩。人口也不断增加，到道光十三年（1833）增加到了 398942036 口[②]，已经成为当时世界上第一的人口大国。明清时代，引入许多农业新品种，经济作物种植面积逐渐扩大。玉米在大约 16 世纪中叶前后传入中国，一路由西北进入陕、甘（可见明人田艺蘅所著的《留青札记》），并不断扩展到全国的大部分地区。番薯在明万历年间，由吕宋传入中国，开始进入福建、广东，万历年间传播到江苏和浙江，清初在南方很多人口密集的地区被用以与其他粮食作物相互补充。而乾隆五十一年（1786），朝廷曾下诏推广种植，到乾隆末年除边疆少数地区外，番薯已经在南北各地广泛种植，成为当时人们的重要食粮。经济作物的种植在明清时代得到了大力的推广，棉、桑、烟、茶等经济作物的生产成了农业生产不可忽视的重要部分。生产技术方面，已经做到了种植的因地制宜、良种的选育和播种、耕作的精细化等，从而粮食的产量不断增加。明清时期南方地区水稻产量一般是亩产 2~3 石，个别地区可以达到 5~6 石[③]。按照 1 明亩为 0.9 市亩，1 明石为今 1.0737 市石[④]，取 2~3 的中间值，则合今亩产 3 市石。

3.1.6 原发农耕经济下的古代中国城市经济

中国原始社会末期，由于生产力的进一步发展，剩余产品不断增加，私有制开始萌芽，从而逐步进入奴隶社会时期。正是在这原始社会向奴隶社会过渡时期，中国人类社会逐渐分裂成奴隶与奴隶主两大对抗阶级，奴隶制国家也即应运而生，从而开始了中国居民点形式又一个新时代——"城郭沟池以为固"的时代，中国早期城市便逐步产生了。

这里应特别指出的是，这一时期筑城技术的发展对城池的建设是有很大影响的。如仰韶文化时期夯筑技术的萌芽，以及龙山文化中晚期夯筑技术的产生、

[①] 梁方仲：《中国历代户口、田地、田赋统计》，上海人民出版社（1980），第 8~10 页。
[②] 梁方仲：《中国历代户口、田地、田赋统计》，上海人民出版社（1980），第 10 页。
[③] 翦伯赞：《中国史纲要》第 3 册，人民出版社（1964），第 198 页。
[④] 梁方仲：《中国历代户口、田地、田赋统计》，上海人民出版社（1980），第 545 页。

普遍应用和日趋成熟，都为中国早期城市的产生奠定了必不可少的技术基础。

现有文献史料和考古实物证明，中国早期城市产生于原始社会末期向奴隶社会过渡的时期。具体地说，起源于传说时代的三皇五帝之都（约公元前26世纪初），初形于夏，形成于商代末期，其间历时共1500年左右。

中国古代最初的城市只是出于军事防护和政治统治的需要而建立的，和经济发展特别是工商业的发展没有多大关系。从形式上看，春秋以前的城市实际上是有围墙的农村，是统治宗族成员的聚居地。其中除少部分宗族贵族之外，大部分人是以农业为生的农民。在城市之内，由于人少地旷，还有不少农田，甚至在天子和诸侯首邑之内，也往往是一片片黍麦，故农业经济是当时城市经济的主体。而且当时的城市规模很小，并有严格的等级规定，以保证统治秩序的稳定。春秋时代，随着等级制的废弃和争霸战争的日益激烈，各国为救亡图存，增强防御能力，其城池都程度不等地突破传统的约束而有很大发展。

战国时代，是中国古代城市大发展时期，其表现主要有这样几个方面：

第一，城市建筑规模进一步扩大。像韩国都城郑城（今河南新郑），全城东西5千米，南北4.5千米，分为东西两城，西城为内城，东城为外城。河北易县燕下都城址是燕昭王时修建，为战国都城中最大的一座，由两个相近的方城连接而成，东西长8千米，南北宽4千米。临淄是齐国都城，为东方一大都会，规模也十分宏大。其由大、小两城组成，总周长21.5千米，总面积30余平方千米。鲁国是受周制影响最重的国家，春秋战国时期其都城规模也远远突破了礼制的规定，其东西约4千米，南北3千米，周长约12千米，探出城门11座。

第二，城市数量增多。春秋以前，地广人稀，小国寡民，国与国之间是大片的荒地，迨至战国，人口猛增，荒地垦辟，交通发达，人民聚居交通要地或土地肥美之处，聚而成邑，各国政府根据统治需要、地理形势和军事攻守要求，纷纷建城立邑，设官而治，或派兵把守，因而城市数量如雨后春笋，大量增加。如赵国攻燕，得燕国30城。秦昭王时，魏冉"拔魏之河内，取城大小六十余"[①]。战国末年楚国共有城邑262座，本土75座，前期灭国城邑81座，后期106座。

第三，城市居民增加。春秋以前，最大的诸侯国都不过3000家。一般城邑千家，少者百室，这些还包括居于城外近郊的人口在内。春秋末战国初，万

---

① 司马迁：《史记·穰侯列传》，中华书局（1959）。

家之邑已不鲜见，到后来这只是一般城市的规模，至于国都和地方性大都会，则远远超过此数。像齐之临淄，有7万户，可出兵31万，所谓"车毂击，人肩摩，连衽成帷，举袂成幕，挥汗成雨"①，则是当时繁华拥挤的写照。

秦朝末年由于战争的破坏，战国以来繁荣的城市衰败不堪，所谓"大城名都，民人散亡，户口可得而数，裁什二三"②。西汉建立后，随着封建统治的逐步稳固和社会经济的恢复发展，城市又开始出现繁荣的局面。其特点是商业都会的大量兴起。汉时具有全国规模的大商业都会除京都长安外，共有五个，号称"五都"即洛阳、邯郸、临淄、宛（今南阳）、成都，其地位类似现在的直辖市。像长安，不但规模宏大，而且人口众多，贵族官僚、富商云集于此，是全国政治、经济、文化中心。市内有东、西两市，皆货如山积，"五都货殖，既迁既引，商旅联槅，隐隐展展，冠带交错，方辕接轸"③。西汉中后期，随着统治者实行严厉的抑商政策，富商大贾开始把主要资产转向土地，由此出现大规模的田庄经济，其规棋宏大，经营种类繁多，可闭门为市。这一经济结构的变化使西汉时繁盛的商业活动开始以田庄为中心而展开，从历史记载看，东汉时大规模的商业贸易和巨商大贾已不多见，城市的商业贸易活动也随之日趋枯萎，从商业贸易中心的角度来看，东汉城市确已衰落了。但作为政治统治的中心，东汉城市仍卓然而立，特别是都城洛阳，其繁荣程度颇为可观。

东汉末年，群雄逐鹿，天下大乱，一些繁华的城市如洛阳、宛等被劫掠焚烧，城市经济遭到严重破坏。曹魏时期，随着中原地区社会经济的恢复，几乎被彻底毁掉的洛阳又恢复了生机，重新成为北方的政治和经济中心。此时的益州由于汉末受破坏较少，城市商业活动比中原活跃，成都出现了一批"拥资巨万"的富商大贾。孙吴的都城建业商业活动也很兴盛，先后设立了大市、东市和北市，置司市中郎将、大市刺奸等官员进行管理。西晋统一后，城市经济进一步繁荣，洛阳设有大市、牛马市、羊市三个市，已有了初步专业化的倾向。

十六国时期，战祸连绵，政权更替，在此期间北方城市除有短暂的恢复外，基本上在反复不断的战乱中处于残破状态。东晋南朝时期，由于江南战乱相对较少，城市经济有了一定的发展。像建康（今江苏南京市，原东吴建业）除吴

---

① 司马迁：《史记·苏秦列传》，中华书局（1959）。
② 班固撰，颜师古注：《汉书·高惠高后文功臣表序》，中华书局（1964）。
③ 张衡：《西京赋》。

时的三个市外,又加了一个斗场市,同时在秦淮河岸边新设了不少市。"水北有大市,自余小市十余所,备量官司"①。各地官府所设市场置有市令、市长、市丞等市官进行管理,以整顿市场秩序和征收市税。

隋唐时期随着全国的统一和社会经济的发展,城市商业经济再次繁荣。长安与洛阳既是当时的政治中心,又是最为繁盛的国际性商业都会。在长安,隋时有都会、利人两市,至唐时改称东、西市,各占两坊之地,东西南北各六百步,四面各开一门,两市各设东市局、西市局进行直接管理,分属万年、长安两县管辖。此外,长安城还曾设过中市、南市、北市等。在洛阳,隋设三市,分称丰都、大同、通远,后来唐朝又增设了北市和西市。在各州治所设置的州市中,扬州、广州、成都、江陵、洪州、楚州(今江苏淮安)、汴州等都是商业发达的经济性城市,成为中外商客聚集之所。

两宋时期,由于较长时间的安定环境和社会经济的发展,宋代城市的规模和繁荣程度都超过了前代。据官方统计,1102年(崇宁元年)在籍人口超过20万的州府约有60个,这当中约半数的州府的城市常住人口超过10万。北宋开封和南宋临安的实际居住人口都超过了100万。宋代废除了官府设置的市,商业活动可以在除禁区以外的任何地点进行,于是便较多地集中到街道上,形成了繁华热闹的商业街或商业区。有固定门面的店铺多是富商大贾的聚集地,所做的是大宗买卖,另一种则是临时摊贩性小本买卖。这时商业活动的时间限制也被取消,在唐后期夜市的基础上又出现了早市、鬼市等。

经过明前期社会经济的恢复和发展,明代的城市也呈现出一种繁荣的景象。南、北二京是政治中心,同时有着发达的商业。南京在开国之初独擅繁华,后来退居陪都地位,依然是"五方辐辏,万国灌输",为"南北商贾争赴"②之地。它既是消费城市,又是工商城市。明代中后期,南京的丝织、印书、工艺品等都达到相当规模,市内的工商店肆甚至挤占了官道边旁之地。明成祖迁都,奠定了北京城恢复发展的基础,中叶以后发展更快,"四方之货不产于燕而聚于燕"③,传教士利玛窦也有相同的印象,"北京什么也不生产,但什么也不缺

---

① 杜佑撰,王文锦等点校:《通典》,中华书局(1988)。
② 张瀚:《松窗梦语》卷四,上海古籍出版社(1986)。
③ 张瀚:《松窗梦语》卷四,上海古籍出版社(1986)。

少"[1]，北京城带有明显的政治消费城市的特点。苏州与杭州则属于另外一种经济型城市。苏州在明初与其他城市一样，一度衰落，经过恢复，开始复苏，嘉靖之后则俨然"海内繁华，江南佳丽者"[2]。这正与江南经济的发展谐然成趣。苏州城周围四十余里，分东、西二区。西城为公署宦室和商贾所聚居，东城则是以丝织为主的工业区，除丝织之外，各种器具及手工艺品也相当发达。利玛窦更将它比作东方的威尼斯。其商业区辐射至城郊外十里，由此可以看出整个苏州城商品交换的根基与规模。明代中后期除了城市呈现繁荣景象外，江南小工商市镇也开始勃兴。成化时期(1465—1487)，随着江南经济的发展，在交通便利的地方，逐渐兴起市镇。这些市镇作为商品集散之地，又与本府州和临近府州的治所所在地的中心城市互相沟通联结，形成一个以水路舟行为基本交通脉络的网状结构。市的规模一般较小，居民多为数百家，少的仅有十数家。镇的规模一般在千家或千家以上，有的镇达万家，但为数尚不太多。其中，一少部分是宋元旧有市镇的复苏与扩张，而大多数是新产生的。到万历以后，市镇总数不下200个，其中规模大、功能全的镇至少有160个。这些市镇之间的距离大体在10~30里之间，一般最大距离不超过农家一日舟行往返足以完成买卖的路程。

经过康雍乾一百多年的发展，清代的矿冶、纺织、制瓷、制盐等在规模和产量诸方面都超过了明代。而清代多民族统一国家的发展和巩固又为商业的繁荣提供了便利条件，国内市场空前扩大，边疆贸易日益发达，对外贸易也由以前传统的朝贡贸易为主变为商业贸易为主。随着商品经济的繁荣和覆盖全国的商品流通网的建立，工商业市镇蓬勃兴起，逐渐形成各种区域性商业中心。清代工商业市镇的发展超过以往任何时期，不同层次的工商业市镇在全国蓬勃兴起，出现了影响全国、号称"天下四镇"的广东佛山镇、湖北汉口镇、江西景德镇、河南朱仙镇，也出现了一些在省域和县域范围内颇有影响的名镇。这些镇都不是省内的政治中心，而是在商业经济方面具有影响力的市镇。这些不同层次市镇的兴起，活跃了全国的经济。综而观之，清代的市镇有两大基本类型：手工业市镇和商业型市镇，而以商业型市镇为主。商业型市镇又可分为产地市

---

[1] 利玛窦著，何高济等译：《利玛窦中国札记》，中华书局(1983)，第327页。
[2] 雅尔哈善：《(乾隆)苏州府志》卷二。

场型市镇、集散市场型市镇、零售市场型市镇，而以集散型市镇的兴起为主要特点。

所谓手工业市镇，系因手工业发展而形成的市镇，这类市镇中的商业也是因手工业的发展而发展起来的。大型的手工业市镇如江西景德镇，是全国瓷器生产中心，不仅有民窑二三百区，工匠人夫数十万，而且商业发达，在贩运瓷器之外，还开设店铺，为陶瓷从业人员提供生活必需品。

清商业市镇是因商业发展而形成的市镇，主要分为三种类型：

一、产地市场型市镇，是小商品生产密集化的产物，是在家庭手工业生产的密集区形成的商品收购中心。江南棉织品产区和丝织品产区是产地市场型市镇的密集区。据刘石吉《明清时代江南市镇研究》，松江、太仓、常州、苏州、杭州一带的12个州县中有三林镇、朱泾镇等52个棉织品产地市镇，杭州、湖州、嘉兴、镇江、太仓等府州的12个州县中有东衕市、唐栖镇等25个丝织品产地市镇。从这些市镇的结构来看，称为镇者，都是"市"与"村"的结合。市为售布之行，村为织纺之区。如浙江乌盛县南浔镇为产布镇之一，核心为市，买棉售布的地方，而织布则是四乡村民之妇女。

二、集散市场型市镇。由于长途贩运的发展，在商业交通的重要环节点都成了以集散商品为职能的市镇。沿海的港口城市，沿江的和运河沿岸的城市等都是重要的传统的商品集散地。清代，由于商业交通网向纵深发展，向边疆延伸，商品集散性市镇大量涌现。从纵深方向看，商品集散性市镇发展到各水系的最上游及其他商业通道的交汇点。在淮河水系，淮河与运河的交叉点大营南船北马，顿宿交易。海河上游的新河县镇，"因河流畅旺，货泊可通各处，商买辐辏"①。

三、零售市场型市镇，是以"人聚"为特点的市镇，是集墟的扩大，一般都是在集墟的基础上发展起来的全县或数乡间的中心市场，并同外界有商业联系，商品来自外地。如直隶滦州有四大市镇，均不在治城。从全国来看，这类市镇东部密于西部，南部密于北部，主要是由人口和聚落的密度决定的。

从这三种市镇的特点来看，产地市场型"聚"的是产品和商人，集散市场

---

① 赵鸿钧修，沈家焕纂：《（光绪）新河县志》卷八。

型"聚"的是流通中的商品,零售市场型"聚"的是商品和消费者,三种市镇之间有密切的联系,构成互相关联的商品流通体系,缺一不可。清代工商业市镇以商业市镇为主的特点,一方面反映了清代的商品经济是以农村商品经济为主,与农业相分离的手工业并不发达,另一方面也反映了清代商业发展的水平,各类工商业市镇的兴起,形成了区域性商业中心,商业正向城市化发展[①]。

3.2 受容激发的日本农耕经济

农耕经济总是与大河、平原等地理条件联系在一起,农耕经济区的"农耕源地"与中心地带往往都在大陆的"腹地"。而从经济地理的角度来看,日本作为亚洲东缘花彩列岛的一部分,并没有处在东亚农耕经济区的中心地带,其地理的最大特征是海岸线狭长和岛屿众多。虽然日本不是农耕经济的源地,但随着大陆文化的传入,日本也逐步地进入农耕文明,并走出了一条独特的农耕经济发展之路。

3.2.1 弥生时代前的日本原始经济

1949年群马县岩宿打制石器的出土肯定了日本旧石器时代的存在。在旧石器时代,日本人还没有进行定居生活,他们为寻求食物而辗转各地。随后,日本列岛地区进入新石器时代,这时日本地区已经与大陆割断,成为四周环海的列岛。从当时列岛及其周围社会的生产力水平来看,要想跨海与大陆往来,即使不是完全不可能的,但也极其困难。这样,日本列岛大约有1万年左右不得不几乎孤立于周围社会而独自发展。大约在8000年前,四国岛和九州岛与本州岛相分离,其后,随着沿太平洋海岸线的后移,从距今5000~6000年前开始,日本列岛形成了与现今基本相同的地形、气候及动植物等生态条件。

迄今所知,最早在日本列岛出现的新石器文化因为与之相关的陶器上有着绳子痕印或与此类似的花纹,而被称为绳纹式陶器文化,简称绳纹文化。绳纹文化延续数千年,直到公元前3—前2世纪。进入近代以来,绳纹文化相关的遗迹与遗物从北海道到冲绳本岛的日本各地被发现,通过对这些遗迹和遗物的考察,可以看到在漫长的岁月中,日本人虽未能从渔猎采集经济解脱出来,也没有发明金属器具,但由于不懈地从事劳动,日本的生产力发展水平也得到了

---

① 田昌五、漆侠:《中国封建社会经济史》第四卷,齐鲁书社、文津出版社(1996),第519~535页。

逐步的提高。

绳纹式陶器　　　　　　　　　竖穴住居

根据陶器外形与花纹的变化以及出土情况，绳纹文化时期大致可分为早期、前期、中期、后期和晚期五个时期。在早期，由于人们开始使用弓箭，已经可以进行比旧石器时代更为发达的狩猎。到了绳纹文化前期的末段，人们已经懂得了乘独木舟出海捕鱼，居住的房屋出现了竖穴。竖穴是从地面下挖 6~7 平方米的方形或圆形穴，中间立一柱，四周葺以草木为房盖。绳纹早期，日本人共同居住的集团规模很小，在同一地点定居的时间很短，但进入绳纹前期后，已经出现了相当多的竖穴排列在近海高地的情况，从现今可见的炉灶遗迹可知当时日本人共同居住的集团规模得到了扩大，而且在一个地方定居的时间也已经变长。到了中期，部落在远离海岸的腹地也得以发展。如长野县八岳山麓发现的绳文中期部落遗址便是其明证之一。从后期到晚期，日本人从高地向平原附近活动，部落的规模也越来越大。从部落遗址和贝冢中出土的陶器、石器和骨角器等来看，当时生产工具的种类和数量都得到了增加。这正说明当时劳动生产得到发展而且已经呈现多样化。到了晚期，东日本地区已经可以生产非常精致的钓具、骨具，陶器也开始有所装饰，如青森县龟冈出土的典型的龟冈陶器的制作方法就已经极为复杂。

3.2.2 日本农耕经济的出现

公元前 2 世纪，随着大陆新文化的传入，日本渐渐摆脱了数千年的渔猎和

第3章 农耕经济发展视角下的中日文化生产力

采集生活，进入了农业文明。这一时期从大陆传入的新文化是以稻作和金属工具为主要代表的文化。最早接受大陆新文化的是北九州岛博德湾、唐津湾一带。由大陆而来的渡来人在这一带开水田、种植水稻，形成了固定的村落，促使日本渐渐进入了绳文文化之后的新文化时代，即弥生时代。

弥生期稻作的传播

如上所述，弥生文化在北九州岛的一些地区率先确立起来，之后随着渡来人的迁移通过水路向日本列岛各地扩展。弥生文化从确立到展开，以及进一步传播从而扩展到日本全境经历了100多年的时间。其中，通过濑户内海东进的渡来人到达了畿内地区，其后在那里形成了弥生文化的一个中心，南下的渡来人到达了南九州岛一带和四国的南部地区，也有一部分渡来人达到了山阴地区，弥生文化最初的传播轨迹可以从以上地区发现的文物遗迹找到很好的证明。可以说，经过大约50年的扩展，稻作技术的推广和金属工具的应用使伊势湾以西的西日本各地较早地进入了新的弥生文化。从弥生文化的确立和初期扩展来看，初期的农耕文化主要形成于西日本地区，这一时期的东日本各地还没有接触到农耕经济，仍然处于绳文文化之中，而且东日本地区即使是接受了弥生文化之后，也仍然保留着浓厚的绳文文化的诸多特点，例如土偶、独钻石的祭祀用具和拔牙等风俗习惯的保留。

弥生时代，从大陆传入的主要是稻作技术和铁、青铜等金属用具，除此之外，大陆系的石器、机织技术等也传入日本。这一时期的稻作技术主要是水田土木技术、耕作用具的使用和制作技术、水稻的种植技术等。除了这些之外，与农耕相伴的祭祀仪礼等也一同被带到日本列岛，这种不同于绳文文化巫术的祭礼逐渐在各地村落中固定下来。弥生时代开始的稻作主要是水稻的种植，因为水稻的种植不需要大规模灌溉设施，只需要在湿地开垦水田，使用前端为石刃或者铁刃的木制锹和锄头进行种植；农具的制作是在绳文以来日本传统制作技术的基础上加入大陆系的石器和铁器，但生活用具和日常用具中木制工具仍然占据着比较大的比重，这可以看成是与日本自然条件相关的列岛社会特色之一。金属用具中，铁器主要运用于木制工具的利器和武器，青铜器则用于铜铎、剑、矛、戈等祭祀用具，这些金属用具由本土的专门工人制造，但原材料却都是从中国和朝鲜进口。

弥生时代中期，水稻和铁制用具虽然基本上在日本各地扎根，但区域之间所呈现出来的文化特征不尽相同。如，北九州岛和畿内是弥生文化的两大中心，北九州岛出土的剑、矛，畿内出土的铜铎很久以来便被看作分别象征当时两个地区弥生文化特征的文物。除此之外，诸如东日本等一些区域仍然保留着明显的绳文文化的特征。北九州岛和畿内的区域文化特征差异来源于大陆直输文化和弥生文化创造性发展的差异，而东日本地区对绳文文化的保留反映的是当地弥生社会的特质。因而，在日本全境进入弥生文化，即农耕文化后，仍然在一定地区和一定程度上保留着之前的绳文文化即渔猎文化。

九州岛铜剑　　　　　　　　　畿内铜铎

这样一来，可以认定，从弥生时代中期开始，日本社会已经全面进入农耕经济阶段，但在一定程度上还保有渔猎采集经济，这是与上文中所提到的日本的经济地理环境密不可分的。此外，与中国相比，日本进入农耕社会要晚得多，而且日本是通过受容中国的农耕经济形式才得以完成传统的渔猎经济向农耕经济的整体过渡①。

3.2.3 农耕经济的发展

公元3世纪末，大和国在以大和为中心的畿内地区兴起，并于4世纪末至5世纪初基本上统一了日本全境。随着国家的统一和大陆文化的不断输入，大和国的生产力有了很大的发展。从当时古坟中出土的唐锄、马锄、U形锄等铁制农具可以看出6、7世纪铁器已得到广泛的普及。随着铁制工具的改良和普及，农田水利事业迅速发展，各地筑堤、修池，开垦了大片荒地。在此之前农作物主要以水稻为主，而由于农具的改良，旱地耕作也迅速发展起来，6世纪，旱地耕作已经传到关东地区，旱地作物出现了粟、大麦、小麦、大豆、小豆、荞麦、瓜类及麻、桑等②。

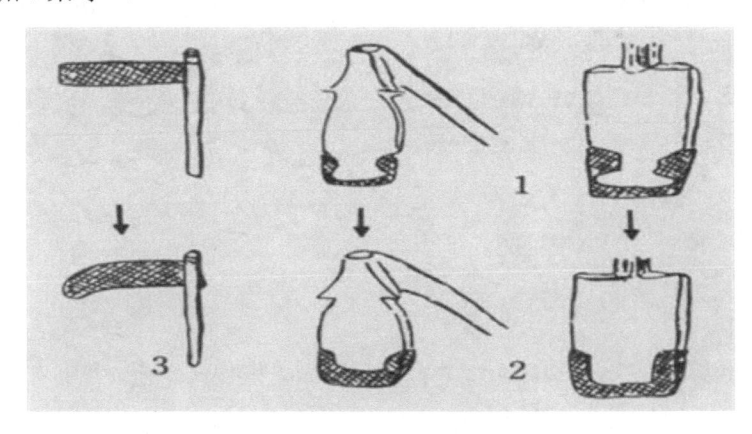

古坟时代出土的农具

奈良时代（710—794），日本农耕经济有了显著发展，铁制农具被更加广泛地使用，《续日本纪》养老七年（723）条记载政府发给每户主一把铁锄。天平胜宝七年（755）的东大寺领越前国桑原庄券中有寺方在上年购入很多锄、

---

① 川崎庸之，奈良本辰也：《日本文化史》，有斐阁新书（1977），第7～11页。
② 吴廷璆：《日本史》，南开大学出版社（1995），第32页。

锹、镰的记录，可见当时铁制农具已经十分普及。政府大力扩大耕地，兴修沟渠、池塘、堤坝等水利设施，耕地面积得到了提升，根据当时的班田收授法的记载，奈良时代的田积数大约为621348町①。农业生产技术也有了很大改进，出现了犁，并开始使用牛进行耕种。水稻种植广泛采用了先进的插秧技术和割茎法。稻种已经有了糯与粳、早稻和晚稻的区分。旱地作物有大麦、小麦、粟、大豆、小豆、荞麦等。经济作物有漆树、桑、麻、苏子、芝麻、蒜、韭菜、葱等②。

平安时代（795—1192），10世纪以后，牛马耕种等耕作技术得到普及，水稻生产方法获得显著进步。耕作技术有播种前的浸种、插秧，水车灌溉，田间除草，干燥等方法③。水稻产量得到了显著的提高，之前国家从农民那里充其量只能收缴产量3%的租，而当时庄园领主却可以从名主那里征收产量30%的贡租。这一时期旱田作物种类增多，如《倭名类聚抄》中列举当时的旱田作物多达70种④。

镰仓时代（1193—1333），关东和九州岛等边境区域荒地的开垦使水田面积得到大规模扩大。在耕地开垦达到饱和状态的畿内及周围地带，农民致力于集约经营，通过推广育苗、畜力耕作和农具改进等精耕细作方式提高生产效率。同时，土地的多种经营也得到了重视，在镰仓中期开始了水稻和小麦的轮作，这样一来，一年可以有两次收获，这是日本农业发展史上的一件跨时代的大事。文永元年（1264）幕府曾下令备前（冈山县）、备后（广岛县）两国的御家人免收农民收割水稻后种麦的麦税，以此鼓励稻麦轮作。当时幕府还广泛推广草木灰、人粪尿等肥料的施用以防止地力减退。

3.2.4 农耕经济的显著发展

室町前期（1334—1466）日本农业有了显著发展。这一时期，农耕用具继续得到改良，生产技术不断提高。应永十年（1403），朝鲜通信使在向朝鲜政府汇报日本的经济发展时，曾对日本农民利用水力推转水车引水灌田的方法表现

---

① 高島正憲：《日本古代における農業生産と経済成長：耕地面積，土地生産性，農業生産量の数量的分析》，一橋大學（2012），第10頁。
② 吴廷璆：《日本史》，南开大学出版社（1995），第72页。
③ 豐田武：《体系日本史叢書》第10卷，山川出版社（1967），第191頁。
④ 正宗敏夫：《倭名類聚抄》卷17，風間書店（1977）。

羡赏①。水稻开始出现了一年三熟，即早稻、中稻、晚稻。应永二十七年（1420），至日本的朝鲜回礼使宋希璟在他的《老松堂日本行录》一书中提到了三季稻②，同时水稻的产量也有了显著增加，上田1反可产1石3至4斗（反为土地面积单位，1反约992平方米，相当于1.5亩），这一产量一直保持到16世纪下半期。由于灌溉技术的改进，一些经济落后地区也可以实行稻麦复种，粟、稗、藜等作物也广为耕种。各地开始种植经济作物芝麻、荏（灯油原料）、蓝草（染料）等。这一时期，日本人开始根据土壤特性选定作物品种进行种植，区域的特产开始形成，如北陆和东北地区的大麻、苎麻，宇治和栂尾（京都府）的茶等。

室町时代水车

室町后期（1467—1573），在富国方计的指导下，大名（日本古时封建领主称呼）们纷纷大力发展农业生产，他们鼓励农民开发新田，致力于大规模水利工程的兴修和灌溉体系的整备；庄园制的基本消灭、复杂的土地领有关系的单一化，使分国大规模整治水利成为可能，其中比较有代表性的是武田信玄组织人力兴修釜无川堤坝（信玄堤坝）和越中佐佐氏治理常愿川等；新田开发和水利事业的发展使许多极易受灾的低洼地变成高产水田地带，耕地面积有了大幅度增加；厩肥、人粪尿得到更广泛利用，同时大量进行割草积肥也有了可能；除施行稻麦轮作外，旱田作物也施行了小麦与大豆、小麦与荞麦的轮作。随之，

---

① 高桥正彦：《史料日本史》中世篇，慶応通信（1995），第333页。
② 高桥正彦：《史料日本史》中世篇，慶応通信（1995），第332页。

单位面积产量继续有所提高，在水稻生产的先进地区畿内稻每反（992平方米）的产量高达3石。而从前一时期开始出现的商品作物生产普及各地，城市近郊也开始了较大规模的蔬菜生产以供应城市需要；从前仅在宇治地区栽培的茶，开始在大和、丹波、伊贺、伊势、骏河、武藏等国种植；由于农业技术的进步，棉花的栽培也开始普及，种植区域从三河迅速普及各地，增加了人民的衣服原料来源；烟草、甘蔗、甘薯等新作物也有了广泛种植。

3.2.5 小农经济的形成及发展

安土桃山时代（1574—1602），丰臣秀吉将土地一部分作为其直辖领地，另外的大部分土地则封赐给各大名，大名的封地被称为知行国，受封的大名有对知行国进行管理的特权。由于大名知行制的确立和全国范围内"本百姓"（自耕农）的出现，日本从此形成了"纯粹封建性的土地占有组织和发达的小农经济"[1]。这种小农经济提高了农民的生产积极性。虽然安土桃山时代较长时期存在着政治势力的争霸战争，农耕经济的发展受到了很大的影响，但小农经济的出现也在一定程度上促进了日本农业的发展。如水稻的产量有所提高，文禄三年（1594）施行的"太阁检地"中记录，上田产量为1.5石，中田1.3石，下田1.1石[2]。

德川时代（1603—1867）是近代以前日本国家最为富强的历史阶段。德川幕府的建立结束了战国时代以来的兵乱，完成了国家的统一，安定的环境保障了农耕生产的快速发展。此外，经过几次检地运动，农民与封建领主形成了直接的被剥削和剥削的关系，小农经济得到了充分发展。这一时期农耕经济的发展主要体现在：生产技术的大幅度改进，万治三年（1660）日本人发明了脚踏水车，17世纪末日本人开始使用不靠畜力也能深耕的"备中镐"，还发明和普及了"千齿脱粒器"（千齿扱），比旧时竹制或铁制的"脱粒筷子"提高效率2~10倍[3]，不久又发明了筛谷用的"千石筛"（千斛筵）。在使用传统的草肥、堆肥、灰肥、厩肥及粪尿等自然肥料的同时，农民开始购买油渣、干燥鱼肥等肥田，并开始使用鲸油、石灰作除虫剂消灭虫害。栽培方面选择病虫害较少的稻

---

[1] 马克思：《资本论》第1卷下，人民出版社（1975），第785页。
[2] 吴廷璆：《日本史》，南开大学出版社（1995），第206页。
[3] 小叶田淳：《近世社會》，朝仓书店（1955），第219页。

种，并实行轮种法和双季稻栽培。

千齿扱

这一时期日本农学著作的问世也促进了生产技术的传播。德川时代是近代以前日本农学最发达的时期，17世纪初期出现了日本最早的农书《清良记》，以后陆续出版了《百姓传记》（1682）、《会津农书》（1690）等农学著作。元禄九年（1696），宫崎安贞参考中国《农政全书》和本草书，并总结日本农民的生产经验，出版了《农业全书》，使先进技术广为传播[1]。由于上述原因，水稻单位面积产量有了提高。每一反的稻米产量在1594年时上等水田平均为1石3斗，到1686年则增长至1石5斗了[2]。

随着农业生产力的提高，一部分农民除年贡和自己生活资料外，将剩余农产品商品化，为日本商品经济的发展和城市繁荣创造了条件。庆安三年（1650），幕府向全国农民发布了《庆安告谕》，对农民的生产和生活提出了32条严格限制，包括干涉农民种植经济作物，要求每人衣食住行极端节约。尽管这样苛刻地限制，商品经济仍在全国逐渐发展，并出现了商业性农业。随着商品货币经济的迅速发展，农村自然经济日益被商品经济所侵蚀，出现了瓦解的趋势。这一时期由于地区性分工的初步形成，出现了许多经济作物的特产区。其中棉花生产集中在畿内和东海地区，如摄津（今大阪府及兵库县一部分）平野乡到1706年其土地的62.8%已种植棉花[3]；养蚕则集中于关东和东山地区，

---

[1] 中村吉治：《日本经济史》，角川书店（1955），第200页。
[2] 楫西光速：《日本における産業資本の形成》第1卷，東京大学出版会（1964），第59頁。
[3] 楫西光速：《日本における産業資本の形成》第1卷，東京大学出版会（1964），第59頁。

17世纪蚕丝产量增加了1倍,到18世纪初已达到国内自给①;灯火材料所需的油菜籽和腊树主要在中部及其以西地区栽培;大豆则盛产于本州岛东北。18世纪初,日本开始种植马铃薯、菜豆、西瓜、花生、胡萝卜等作物。商品作物的种植需要购买特殊的肥料和农具,于是农民需要出售土地生产物来换取货币进行购置,这促进了农产品的进一步商品化。

3.2.6 日本受容激发农耕下的城市经济

5世纪后流入日本的大陆移民,带来了先进的冶炼、制陶、纺织、金工技术,为日本手工业发展做出了贡献。铁器由倭锻冶、韩锻冶等专业部民专业生产。韩锻冶是从朝鲜带来的先进铁器制造技术,促进了日本铁器生产的发展。在奈良县上锅古坟中出土的铁板与新罗古坟中出土的相似,说明了这一时期生产的铁器原来主要是从朝鲜输入。古坟时代陶器有土师陶、须惠陶两种。土师陶是继承弥生陶器传统的烧制技术,5世纪后出现的须惠陶是采用大陆的烧窑技术生产的硬质陶器。6世纪后半叶,须惠陶的生产普及到西至北九州岛,东到石川、静冈各县。纺织业的显著发展是织机上采用了机梭,这样织出的布经纬纱都均匀。而古坟时代的制盐陶器在沿海各地的发展,也说明了当时制盐相当普及。而这种陶器的使用也说明了当时的制盐方法是以陶器煮沸海水提取盐结晶的方法。当时的手工业分为官营手工业和家庭手工业两种。中央的各寮、司设置手工作坊,生产高级手工产品等。家庭手工业则生产较简单的产品。金属工业,铸造、锻造、镀金、雕金等技术已达很高水平。其中具有代表性的作品如东大寺的卢舍那大佛,《大佛殿碑文》记载,铸造这尊大佛耗费739560斤铜、12618斤白银、10446两金、58620两水银。商业发展方面,平城京设有东西两市,畿内等地也出现了市,如大和的轻市、海石榴市、三轮,河内的饵香市以及摄津、伊势、近江等地各有一市。

平安时代,手工业进一步专业化,促进了日本城市经济的发展。在奈良、京都这样的古老城市以及一些庄园附近的手工业作坊,拥有掌握特殊技能的工匠,如织匠、木匠、刀匠、炉匠、漆器匠等。这些工匠或者订货生产,或者从事寺社和官衙的修建。这一时期,商业也有发展。在奈良和京都,市集商业已发

---

① 土屋乔雄:《近世農村経済史論》,改造社(1947),第120页。

展到店铺商业,并出现了成为"市人""市女"的独立商人。在地方,寺社门前和庄园要地都开辟了定期集市,出现了被称为"贩夫"的独立商人。而在水陆要地出现了称为"津屋""问"一类的商栈。京都、奈良等先进地区仍是手工业的中心,但地方手工业也纷纷兴起。在靠近各种原料产地和交通便利的地点,金属冶炼、铸造、丝织、麻织、造纸、酿酒、陶瓷制造等多种手工业都有发展,出现了诸如镰仓、博德等新的手工业中心。手工业者日益脱离农业而独立,分化成为专职工匠,技术水平大大超过前代。例如锻冶业中就体现出农具和武器锻造的专门化,出现"镰刀锻造""锹锻造""箭锻造""刀锻造"等工匠名称、锻造技术,尤其是刀的锻造技术发展突出。

镰仓时代,市集已从不定期发展到定期,每月三次,并且从先进的畿内及其周边一带普及到全国各地。自给自足的自然经济占优势的庄园,此时大抵都在不同程度上卷入交换经济的旋涡。至镰仓末期,从庄园中小名主阶层中到市集做买卖的人增多,后来定居市场,转化为市场商人。前期以来居住在水陆要地经营货栈、为庄园领主保管、运送或代理贩卖庄园年贡的"问丸",至镰仓末期有一些脱离了领主,成为专门从事转买转卖和经营运输业务、供应城市店铺商品的居间商人"问屋"。从13世纪起,手工业者和商人中出现了被称为"座"的同业公会。"座"需要向各自的"本所"——朝廷、贵族或者寺社庄园领主纳税,以此为代价获得免税通过各地关卡的权利以及在一定地区采购原料、制造和贩卖商品的专营权。"座"的形成对日本封建社会手工业和商业的发展有积极作用。交换经济的进一步发展便会引起货币的需求。从13世纪起,交易中较多地使用了钱币。由于当时日本不铸造货币,通用的钱币是日宋贸易中输入的宋钱。

室町前期手工业生产方面形成了行业的区域分化,如美浓、播磨、越前等地以造纸业而闻名,河内、备前、尾张的制陶业,河内、大和、摄津、京都的酿酒业,山城的榨油业以及濑户内海沿岸的制盐业都很有名。制漆业首推中国地区。河内、大和、相模、京都等地形成了金属制造业的中心。加贺、美浓、尾张、常陆等地是纺织业的中心。商业经济的发展促使市场繁荣。当时市场遍及全国各地,从"三斋市"(每月开市3次)发展到了"六斋市"(每月开市6次)。镰仓末期以来发展成为专门的居间商人"问屋",在水陆要地和城市里日益增多，拥有巨额财富。有些还经营海外贸易，变成大金融业者。商业从业者的"座"（同业公会）多起来了，在经济发达的近畿地区，尤其在京都、奈良及其周围最多。以奈良兴福寺大乘院和一乘院为本所的座就有油座、酒座、冻粉座等80多个。山城大山崎离宫所属油座规模巨大，拥有10多国的荏胡麻及其制品买卖的垄断权。

　　交通发达，运输力很强的海上交通尤其发达。主要的海陆干线有从中国、四国渡濑户内海进入摄津的兵库，再溯淀川通往京都、奈良的道路；有从北陆方面经越前的敦贺，横穿琵琶湖直往大津、京都的路线；还有一条是沿东海道沿岸航至伊势的桑名登陆，再从近江通到京都。

　　城市在全国范围内发展起来，除原来一些古老的政治、宗教中心京都、奈良、镰仓等城市在继续发展成为商、工业城市外，同时也出现一些新兴城市。有些是在港湾、交通枢纽处发展起来的港湾城市，著名的有对外航路的起点堺（和泉国），濑户内海北岸的兵库（摄津）、小滨（若装），琵琶湖沿岸的坂本（近江）、大津（近江）等。另一些是"城下町"，这是在守护大名的山上城堡和居地附近交通便利的平原地方产生的。守护大名居地日益增多的家臣等消费阶层，把手工业者和商业居民引向这里，这些城市在室町后期尤多，最典型的有山口（大内氏城堡）、静冈（今川氏城堡）。再一些是寺社门前的"门前町"，以宇治山田（三重县）为代表。定居在城市里的商人，从镰仓末期起开始被称为"町人"。15世纪的日本城市还都处在守护大名的统治之下。

　　室町后期矿山对于获得货币和武器的原料十分重要。因此，大名们对开发矿山也抱有极大的热情。当时采矿和冶炼技术都有明显提高。铜矿已从露天转向坑道开采。银冶炼自16世纪30年代开始采用先进的中国灰吹法。黄金不只从砂金里，也从矿石中进行提炼，产量大增。奥羽的金矿，对马的银矿，但马、备前、备中、美作的铜矿，尤其是大名中大内、尼子、毛利诸氏经营的甲斐金矿都很有名。这三种矿藏的开发为后来铸造货币创造了条件。此外伊势的水银、南海的硫黄等开发也很重要。水银、硫黄和金、铜都是对中国贸易的重要输出品。

　　由于国内需要和对明贸易的增加，手工业的发展也惊人。棉花生产的发展引起棉纺织手工业部门的出现。茶叶栽培的普及导致陶瓷器生产的扩大。高级绢纺品生产出现了京都这一新的生产中心。京都西城区（西阵）高级纺织品的生产驰名全国。金属工业方面基于大名的要求和对明贸易的需要，刀剑制造非常发达，并且由于枪支传入而开始了枪支生产，但农具、手工业工具及生活用品的生产仍具有重要意义。由于农具需要量的增加，在各地的町、村便产生了专职锻冶和铸造的工匠。这些工匠摆脱了庄园领主的束缚，拥有自己的作坊和工具，或接受社会订货而收取加工费，或生产向市场销售的商品。

农村举行市集的次数增多。从每月6次增至9次。在城市中，每日市集已经成经常现象，市场上陈列着几十种商品，包括品种广泛的农产品和手工业产品。在城市里，专业化的市场也纷纷建立起来，例如淀的角市、京都的米市、奈良的马市等。市场的繁荣说明了16世纪在社会生产力广泛发展的基础上劳动分工和商品经济的进一步发展。室町后期也是日本海外贸易的大发展时期。16世纪上半期日明勘合贸易（凭明朝发给对照符契的商船进行的贸易）空前繁荣。从16世纪中期起，日本同欧洲，也同东南亚各国开始了贸易联系，有一些大名、豪商和寺院直接参加对外贸易。海外贸易的大发展又有力地促进了手工业同农业的分离、手工业生产新部门的出现和商品货币关系的发展，促进了社会劳动的分工。

所有这些都构成为室町后期日本城市大发展的基本因素。应仁之乱中几乎变成荒野的京都，乱后再次作为商工业的中心地繁荣起来，人口估计达20万左右。进入16世纪，堺、博多作为对中国、朝鲜、琉球和南海贸易的基地有飞跃发展。从前一时期起作为港湾城市发展起来的小滨、敦贺、大津、大凑、兵库、尼崎、尾道等，也臻于繁华。在一些城市，商工业者独立的倾向显著。曾经只是指商业地区的町，已逐渐又带有社会组织的色彩。住在这里的以商工业者为主体的居民统被称作町民，他们建立起町的自治组织"惣"，实行自治。

随着家臣团集中于大名城下，大名们还努力使商工业者逐渐集中于此。为发展商工业，不少大名废除妨碍商工业自由活动的特权行会"座"，开放所谓"乐市""乐座"市场，免除市场税、商业税，还废除领国内各地的关卡，城下町逐渐作为分国的政治经济中心繁荣起来。大名们出于经济和军事目的，恢复早已荒废了的驿站驿站马制度，以大名的城下町为中心整顿了大道。在所有要害之地舍设驿站驿站马，便利了国内陆路交通，有助于商品经济的发达。

应仁之乱后的京都虽然没有实施全市的自治，但是祇园、清水、北野等门前町以及室町等市场町是由各町町民来管理的。祇园町町民所举行的祇园祭典，既加强了他们的团结，也显示了他们的富有。此种町民的自治是室町后期各城市出现的新动向。

最具代表性的城市自治是堺市。堺作为濑户内海航路的终点，其重要性最初不及尼崎和兵库，然而随着应仁之乱后细川氏将此处作为勘合贸易的基地，于是骤然繁荣，接着三好氏也以这里为据点，其一跃成为最大的港湾城市。堺也以刀剑、绢织品和漆器产地而闻名，枪支传入后，作为枪支制造的中心地更增加了其重要性。堺原为京都寺院的一个庄园，其自治溯源于15世纪初村民集体负责向庄园领主交纳年贡；至15世纪末产生由门阀商人组成的议会，出现城市自治。16世纪中叶，这种议会成员达36名，称为"36人众"，每月由其中3名代表轮流管理市政，裁断诉讼，处罚罪人。该市三面围以护域河，拥有自己的武装。这时期来到这里的一位欧洲天主教传教士向本国政府报告说，堺富庶而和平，像意大利自由城市威尼斯那样实行自治[①]。当时堺的人口已超过5万。永禄十一年（1568）织田信长命令堺出"矢钱"（军用金）3万贯，堺拒绝交出。当信长企图以武力征服时，堺议会便致书另一享有自治权的城市——摄津的平野，呼吁以武力联合抵御。此举意义重大，如羽仁五郎所指出，它证明此时日本"甚至还有过近代自由城市共和制联盟的萌芽"[②]。

除堺和平野外，筑前的博多、伊势的桑名也是享有自治权的城市。但是这类城市为数极少，远不及中世纪的欧洲。较多城市只是享有部分的自治权，有如京都情形。随着16世纪城市的大发展，商业资产阶级壮大起来，成为争取消除封建割据、建立统一集权国家的一支重要势力。

安土桃山时期，在商工业方面，织田信长制定了《乐市乐座令》，否定了"座"的特权，鼓励商人定居，减免相关徭役和税金等。丰臣秀吉在1591年下令废止京都、奈良的座组织，将商工业者从寺社、庄园领主的隶属下解放出来，确保了商业利益。为便于商人自由往来，发展商工业，织田于永禄十一年撤销其势力范围内的关卡，打击了关卡设立者寺社和封建领主的势力，到1596年为止，丰臣废除了全国的关卡。

---

① 永禄五年（1562）耶稣会士伽斯巴尔、必烈拉的通信，《日本史料集成》第247页，《城市的自治和町民之抵抗》。
② 羽仁五郎著，马斌等译：《日本人民史》，生活·读书·新知三联书店（1958），第33页。

德川时代，经济作物的种植，促进了手工业的发展。德川前期，手工业中心在城市，工匠从事小商品生产，以满足幕藩领主和城市武士消费的需要。17世纪末期，以经济作物为原料的农村手工业有了显著的发展。手工业中纺织业最发达，其中又以丝织业最先发展。例如京都的西阵、九州岛的博多、关东的桐生以及丹波、近江、八王子、米泽等地都以生产精美的丝织品著称。棉织业在盛产棉花的大坂附近，以河内、摄津、和泉、大和等地为中心。越前（今福井县）、美浓（今岐阜县）、土佐（今高知县）则是新兴造纸业中心。其他如尾张（今爱知县）、肥前（今佐贺、长崎县）的陶瓷，京都的漆器，野田、姚子（千叶县的市）的酱酒，滩（今神户市的一区）、池田、伊丹（今大阪的市）的酿酒等，闻名全国，营销各地。

元和元年（1615）德川幕府公布"一国一城令"，幕藩领主把武士集中到幕府和藩都的城堡周围——"城下町"（军镇），并把商人和手工业者聚集到城下，使城市规模扩大。以这些新兴的"城下町"为主，加上过去发展起来的"门前町"（寺社门前形成的市镇）、"港町"、"宿驿町"等商业城市，到17世纪末，全国已有大小城市300个以上[1]。城市中除少数富商外，大部分是工匠、徒工、商人，还有一些小商贩和搬运工。江户、大阪、京都是全国性城市，江户为幕府所在，又是全国最大的消费城市。元禄六年（1693）市民353588人，1731年增至553000人，加上武士（将军、大名及其家臣）与仆人约50万，人口达100万，据说超过当时的伦敦，居世界第一位[2]。大阪为全国商业中心，1692年人口达345524人。京都为皇室所在地，又是仅次于大阪的工商业城市，1715年城内外人口358987人。各藩的藩都规模小些，其中最大的有金泽、名古屋等，后者1692年人口约达10万（一般市民67734人、武士及其佣仆约3万）。

以大阪为中心的全国市场的形成是与大阪、江户、京都等大消费城市的形成、手工业高度发展以及全国性社会分工等条件分不开的，商品经济发达促使城市繁荣，同时城市繁荣又成为商品经济的巨大推动力。

3.3 小结

中日同处于东亚农耕经济圈，在近代之前的漫长历史进程中，农耕经济是

---

[1] 儿玉幸多、大石慎三郎：《日本歷史の観点》第3卷，日本图书公司（1974），第214页。
[2] 沼田次郎：《日本全史》第7卷，東京大學出版會（1962），第50页。

中日两国文化生产力发展的主要指针，通过对两国近代以前农耕经济发展状况的对比考察，可以看到近代之前两国文化生产力发展有着明显的差异。具体而言，包括以下几个方面：

生产力发展阶段的差异。中国作为世界公认的农耕源地之一，自商朝（约前1600—前1046）开始便有了原始农耕的记载，春秋战国之际（前770—前221）便形成了封建农耕经济，进入了农耕文明，并出现了贯穿于中国封建社会经济始终的小农经济形式，这对中国古代文化生产力的实现起到了巨大的促进作用。此外，中国历史上的中古期即隋唐宋辽金元时期（581—1367），农耕经济就已经走向成熟。日本则是在弥生时代（前300—300）中期才进入农耕社会，而东亚区农耕经济的典型发展形式小农经济在日本的出现则在安土桃山时代（1573—1603）。日本农耕经济得到显著发展出现在室町时期（1338）之后。

生产技术的差异。秦汉魏晋南北朝时期（前221—580），铁农具和牛耕技术便在中国得以广泛推广和使用，出现了两牛抬杠式和双辕犁的一人一牛耕作方式；土地整墒技术，选种、留种、播种的栽培技术也开始被重视，并且在北魏末年（533—544）出现了中国现存最早的一部完整的农书《齐民要术》。因为发展阶段的不同，平安时代（794—1192）铁农具和牛耕技术才在日本普及，日本最早的农书《清良记》也是在17世纪初期才得以完成。

生产力水平的差异。农耕经济发展的主要指标应该是粮食产量，但中日两国国土面积有着很大的差距，所以选取两国农耕经济比较发达时期的粮食亩产量进行对比是比较有说服力的。德川时期是日本农耕经济的迅速发展期，1686年每一反稻米产量为1石5斗，一反相当于现在1.5市亩左右，也就是一市亩可产稻1石。而中国宋时南方一般亩产量为2~3石，当时的一亩相当于0.92市亩。可见两国生产力水平的显著差异。

以上差异的出现究其深层次原因来说，是由中日两国文化生产力实现的路径不同所致。近代之前，中国的文化生产力的实现和提升主要依靠自力更生，同时因为其强大的文化自信，在相当长的时期允许多种文化并存，并将其他文化的优秀生产力因子同化于自身文化生产力的总体生成当中，进而创造了璀璨的中国古代物质文明。如中国是农耕经济的发源地之一，其农耕经济的发展、繁荣都离不开历代农民在生产实践中的不断进取，同时外来物质也丰富了作物种类，为中国农耕经济的繁荣贡献了力量。日本的文化生产力，在其自身生产力水平不足以实现文化生产力的划时代突破时，往往需要从其他文化中借鉴先进的生产力因子，以促进自身文化生产力实现的路径转变。如前文所述，日本从原始渔猎经济向农耕经济的过渡就离不开对中国农耕经济先进经验的引进。同时我们还可以看到，虽然日本进入农耕社会要比中国晚得多，但其文化生产力的发展速度却很快，在近代之前也和中国一样出现了资本主义的经济萌芽，这一点也可以说是文化受容在文化创造力实现方面的一个优势所在。

第4章 民族文化创造精神中的中日文化精神力

文化精神力不但可以使一个民族产生凝聚力，也是一个民族文化创造力产生的精神源泉和重要的发展动力。文化精神力为一个民族的文化创造提供自信和勇气，以潜移默化的形式指引着文化创造力的实现。文化精神力支撑着一个民族披荆斩棘，以昂扬振奋的精神和斗志投入到创造自身文化和世界历史的实践活动中去，民族文化创造力的实现、民族事业的成功都离不开文化精神力的引导和激发作用。探究中日文化创造力的历史脉络就必然需要分析两国近代之前的文化精神力，而中日两国的文化精神力又集中体现为中华民族和大和民族的文化创造精神。因此，本章对近代以前中日文化精神力的探讨以两个民族的文化创造精神为落脚点。

4.1 自强不息、厚德载物的中华民族文化创造精神

中国著名哲学家张岱年认为，中国民族精神基本上凝结于《周易》的两句名言之中，即"天行健，君子以自强不息"[1]，"地势坤，君子以厚德载物"[2]。他说，"自强不息""厚德载物"就是中国文化传统的基本精神[3]。从文化创造的角度来看，自强不息和厚德载物正是中华民族五千年文化创造进程中文化精神力的生动写照，"自强不息"是民族的一种发愤图强的传统，"厚德载物"是以宽厚之德包容万物，代表着兼容并包的文化发展态度。具体而言可为：刚健有为、自强不息；厚德载物、兼容并蓄。

4.1.1 刚健有为、自强不息

中国古代的《周易大传》提出了刚健有为的思想。《周易大传》有云："大

---

[1] 高亨：《周易大传今注》，齐鲁书社（1979），第56页。
[2] 高亨：《周易大传今注》，齐鲁书社（1979），第78页。
[3] 董慧、夏增民：《全球语境下中国现代民族精神的架构》，《华中科技大学学报》2005年第1期，第18~23页。

有,其德刚健而文明,应乎天而时行"①,"大畜,刚健笃实,辉光日新"②,等等。这些名言表达的是古人认为无论做什么事情想得到大的收获,即所谓有所作为,都应该顺应天时、天意,明辨是非善恶,不断地提高自己的修为。与这样的思维相呼应的便是古人为了不断提升自己的德行修为不惧艰难险阻、奋发向前的自强不息精神,即"天行健,君子以自强不息"。

  刚健有为、自强不息的思想经过很多学术大家的延伸性解读,并随着历史的演变而不断深化,深深地烙印在各阶级、各阶层的文化创造实践中,成就了中国人积极向上、奋发进取、永不懈怠的民族精神。孔子既肯定"刚健有为"的优秀品质,又将"刚健有为"上升为一种独立人格,一种积极进取的人生态度。如《论语》有说:"刚、毅、木、讷近仁"③(《子路》),"发愤忘食,乐以忘忧,不知老之将至"④(《述而》)。孟子将刚健有为思想具体化为"养浩然之气"与"大丈夫精神",说道:"其为气也,至大至刚,以直养而无害,则塞于天地之间"⑤(《孟子·公孙丑上》),孟子又说:"富贵不能淫,贫贱不能移,威武不能屈,此之谓大丈夫"⑥(《孟子·滕文公下》)。荀子提出了人定胜天的伟大思想,大大拓展了刚健有为的思想。他认为人是有主观能动性的,人的自强不息、积极进取是可以达到"制天命而用之"⑦(《荀子·天论》)。王夫之进一步将主动性、能动性与刚健有为联系起来,说道:"圣人尽人道而合天德。合天德者,健以存生之理;尽人道者,动以顺生之几"⑧(《周易外传·无妄》),又说:"惟君子积刚以固其德,而不懈于动"⑨(《周易内传·大壮》)。

  刚健有为、自强不息从文化哲学上来说,充分体现了中华民族文化创造的独创性、自觉性和自信心。人所生活的世界是文化的世界,文化世界本身就是人的创造性活动所形成。正是在刚健有为、自强不息精神的影响下,中华民族的文化创造实现了时代性和永久性、地域性和一般性的共赢,使中华文化超越

---

① 高亨:《周易大传今注》,齐鲁书社(1979),第171~172页。
② 高亨:《周易大传今注》,齐鲁书社(1979),第253页。
③ 程树德撰,程俊英、蒋见元点校:《论语集释》,中华书局(1990),第940页。
④ 程树德撰,程俊英、蒋见元点校:《论语集释》,中华书局(1990),第479页。
⑤ 焦循撰,沈文倬点校:《孟子正义》,中华书局(1987),第200页。
⑥ 焦循撰,沈文倬点校:《孟子正义》,中华书局(1987),第419页。
⑦ 王先谦:《荀子集解》,中华书局(1988),第317页。
⑧ 王夫之:《周易外传》,中华书局(1977),第65页。
⑨ 杨坚:《周易内传》,岳麓书社(2011),第260页。

了文化的时代性与地域性，成为一种优秀的民族文化，以独特的姿态屹立于世界民族之林。中华民族在漫长的文化创造进程中，形成了对本民族和本体文化的自我认同、自我归属感，如华夷思想和大一统的观念；形成了具有中华民族特点、体现中华民族精神气质的价值观念，如"仁、义、礼、智、信"等观念。经济层面上，中国是农耕经济的源地之一，一直以来文化生产力的实现主要是依靠不断发掘自身的创造性因子来完成文化生产力的提升，同时也为人类生产力的解放做出了卓越的贡献。思想层面，以儒家为代表的中国传统伦理不断得以扬弃，不仅影响了中国历朝历代的仁人志士，也被韩国、日本等亚洲国家所学习，并作为各自传统道德观的一部分固定下来，中华民族一直以来追求的真、善、美也为人类的思想解放、人性解放做出了突出的贡献。正是基于中华文化创造的诸多成果，中华民族自古以来便有着强烈的文化自信和民族自豪感。

人类生存与文化的现实关系在人类文化发展的漫长历史进程中总是体现为文化从适应人类生存，到与人类生存产生不适应，再到与人类生存相适应的反复的螺旋式的上升。因而可以说与人类生存相适应是文化发展的基本方向和总体趋势。在人类文化发展的历史过程中，文化自觉起到了至关重要的作用。中华民族每当面临着历史发展的机遇和挑战时都会积极地审视自身、明确方向，锐意改革。政治上，中国历代的王朝更替本身就是这一文化自觉的充分写照。以山鹿素行为代表的一些学者以中国历代王朝更替的"易姓革命"来评判中国文化缺乏传承性，而"革命"的思想却恰恰说明了中华民族在面临文化不能适应人类生存的情况下，会自我反思和自我觉悟，主观能动地进行文化改革和更新。革命往往意味着彻底的打倒，这里打倒的是不适应中华民族生存和发展的旧质。刚健有为、自强不息也包含着对旧文化进行批判性改造的文化自觉，这支撑着中华民族在面对旧文化的阻力甚至是疯狂反扑时，勇往直前、不怕牺牲，最终完成文化的更新。

4.1.2 兼容并蓄、厚德载物

从文化创造的角度来看，刚健有为、自强不息的文化精神是中华文化具有独特性和自觉性的写照，而中华文化的开放性和包容性在精神层面则体现在厚德载物、兼容并蓄的文化思想。中华民族的文化创造虽然主要是以本民族成员的实践为主要力量源泉，但也在不断地吸收着他文化中有利于中华文化发展的观念、原则、思想、理论，以适应所处的时代、社会环境以及人类文化发展的总体趋势。中华民族的文化创造兼容并蓄了很多的外来文化，但并不是无原则地一味照搬和简单地拿来，因为他文化的糟粕也可能和广义民族精神中的消极、落后因素相结合，阻碍中华文化向前发展，因此中华文化对外来文化的吸收一直以来遵循着厚德载物的原则。

兼容并蓄的思想由来已久。《尚书·君陈》说道"有容，德乃大"[①]，其意义是说有包容性便是大德，这是对包容性的一种赞赏和提倡。《道德经》第十六章有言："知常容，容乃公，公乃王，王乃天，天乃道，道乃久，没身不殆"[②]，其表达的意义是说，认识了人之常理，把握了客观规律，才能无所不包；无所不包才能处事公正，处事公正才能天下归顺，天下归顺才符合自然，符合自然才能符合"道"，符合"道"才能长久，到死都不会受到危险。中华民族在文化创造过程中一直在吸收着外来文化。正如中国哲学家张岱年所说，"在历史上，中国能够接受外来文化。佛教东来，被中国人民所容纳；明末西学东渐，亦曾受到中国知识分子重视。清末顽固派拒绝西学，事实上是违背了中国文化兼容并包的基本精神"[③]。

一般认为，最先传入中国的外来文化是印度的佛教。公元1世纪汉明帝派使节前往印度求取佛经，并邀请佛教僧人来华传教。在其后数百年里，统治者在佛寺兴建、教士供养、翻译协助等方面为佛教的传播提供支持。唐代的景教、元代的也里可温教、明清之际的天主教都是在得到中国当时政府的许可之下得以传播，并且都受到了政府不同程度的支持。其中，唐贞观九年（635）景教传教士阿罗本（Olopen）来到长安时，唐太宗派宰相房玄龄率仪仗队前往长安西郊迎接。据《大秦景教流行中国碑》记载，当时朝廷拨出经费，恩准阿罗本在长安建立大秦寺（教堂）发展教徒。元代也里可温来到中国，同样也是得到了朝廷的支持和保护，不但外来传教士得到了政府恩赐的薪资俸禄，一般本地教徒也享受到了免除租税、徭役，并且依僧例给粮等优厚待遇，从而使自唐会昌五年（845）被禁止传播的基督教在没落数百年之后在中国再度盛行。明清之

---

① 孔安国传，孔颖达疏：《尚书正义》，北京大学出版社（2000），第581页。
② 王弼注，楼宇烈校释：《老子道德经注校释》，中华书局（2008），第36页。
③ 张岱年：《张岱年全集》第6卷，河北人民出版社（1996），第224页。

际，天主教意大利籍耶稣会传教士利玛窦（Matteo Ricci, 1552—1610）于1582年奉命来到中国，得到了皇帝的接见，并与儒士、官员相交，研读儒家经典，将中国文化融入基督教，并积极传播西方的科学技术，终于赢得了皇帝和朝廷大臣的支持，基督教的传播得到了从上而下的推进。由此可见，中国官方对待外来宗教并非一概排斥，在大多数情况下，皇权和儒家思想是能够容纳外来宗教的。

大秦景教流行中国碑

厚德载物最早见于《周易》的"地势坤，君子以厚德载物"，表达的深层次含义是：君子因为德行深厚可以包容万物。经过孔子等思想家的阐述和发展，其内涵得到了不断丰富。首先来说，中国古代思想家认为包容万物并不是简单的罗列，而是要在辨明异同的基础上，促进万物和谐发展从而创造出新事物。中国思想史上的"和同之辨"便是其具体体现。西周末年史伯在《国语·郑语》中说："夫和实生物，同则不继。以他平他谓之和，故能丰长而物归之。若以同裨同，尽乃弃矣。"[①]史伯认为和是不同事物之间达到和谐统一的一种平衡状态，这样的和谐平衡是可以产生出新的事物的，亦即实现文化的创造。只是将相同的事物简单罗列，追求数量的增加不会产生事物本质的变化，新事物也无法产生，文化创造也无法实现。《左传·昭公二十年》记载了齐国大夫晏婴与齐景公一段对话，其中，晏婴在论述君臣关系时，认为君臣是相成相济的，主张通过

---

① 徐元浩撰，王树民、沈长云点校：《国语集解》，中华书局（2002），第470页。

"济其不及,以泻其过"的综合平衡,使君臣之间保持一种和谐统一的关系[①]。孔子提倡"重和去同"的价值取向,注重多元文化的多样性和谐统一。如"礼之用,和为贵"[②](《论语·学而》),宣扬"君子和而不同,小人同而不和"[③](《论语·子路》)。可以看出,在文化价值观上,厚德载物提倡在中华民族文化创造的实践中,以宽容的精神对待区域内的各种文化以及外来的异质文化。

中华民族对外来文化的吸收是在一定的衡量标准下得以展开的,比较突出地体现在孔子所提出的"中庸"观念,即"中庸之为德也,其至矣乎!民鲜久矣"[④]。子思作《中庸》篇,对中庸观念作了进一步的发挥,云:"君子中庸,小人反中庸。君子之中庸也,君子而时中;小人之中庸也,小人而无忌惮也。"[⑤]又云:"舜其大知也与,……执其两端,用其中于民,其斯以为舜乎!"[⑥]根据中庸思想,文化创造中对外来文化的吸收也应该有一个度,没有达到这个度便是不及,超过了这个度就是过。不及便不能够充分地积累量变而产生质变,过则可能使文化创造走向违背自身文化发展规律的方向,受制于外来文化,不管是不及还是过都无法正常地实现中华民族的文化创造,文化创造力也会走向衰亡。

在明确了中华民族思想中文化创造的"度"的存在之后,本书认为吸收外来文化的"度"具体为"崇德利用"的思想,即吸收外来文化时做到"崇德"和"利用"的和谐统一。《周易大传》便阐述了"崇德"与"利用"的关系问题,其中《系辞下传》中说道:"精义入神,以致用也。利用安身,以崇德也。过此以往,未之或知也,穷神知化,德之盛也。"[⑦]崇德利用思想是学以致用思想的开端,在学习外来文化的过程中也起到了充分的作用,对外来文化的接受过程中,利用必然应该指向对中国传统文化的作用,可以起到促进中华民族文化创造的外来文化会被吸收,进而会被中国化。如外来的农业物种,丰富了中国的农耕经济,提高了中国的文化生产力。西瓜从北非向中亚(伊朗、阿富汗一带)的传播约在公元前1—2世纪(相当于中国的西汉时期),西域中的一些小国已

---

① 左丘明传,杜预注:《春秋左传正义》,北京大学出版社(2000),第1596~1624页。
② 程树德撰,程俊英、蒋见元点校:《论语集释》,中华书局(1990),第46页。
③ 程树德撰,程俊英、蒋见元点校:《论语集释》,中华书局(1990),第935页。
④ 程树德撰,程俊英、蒋见元点校:《论语集释》,中华书局(1990),第425页。
⑤ 朱熹:《四书章句集注》,中华书局(1983),第19页。
⑥ 朱熹:《四书章句集注》,中华书局(1983),第20页。
⑦ 高亨:《周易大传今注》,齐鲁书社(1979),第571页。

有少量的种植了。其名称之由来可以看到很清晰的中华意识，西瓜是指西方而来的瓜，西对应的是中，中华之中。同时，崇德和利用的辩证统一又说明了中华文化在文化创造和文化受容过程中重视物质文化和精神、制度文化的和谐统一。崇德是以德为衡量一切的最高道德标准，中华文化认为一切的文化创造是以人的道德修为的提高为终极目标，这种终极目标泛指一切精神、制度上的文化，与西方所提到的人性的解放，人类发展的终极人文关怀不谋而合；利用可以理解为要求一切文化创造对物质文化的发展都应该起到促进作用，以物质文化得以发展、富国强民为目标；崇德和利用息息相关，只有达到和谐统一才能够促进民族文化创造力的整体提升。近代以来中国文化更新得不够成功可以说正是由于简单的以体用论来处理西方文化的受容问题，打破了中华民族文化创造传统中追求崇德和利用和谐统一的精神信仰，使得近代以来中国的文化创造实践失去了明确的指针，文化创造力的实现出现了不均衡和不充分。

4.2 综合统一、淳化超上的大和民族文化创造精神

日本文化的发生、发展总是在外来文化的激发下得以展开，这使得大和民族养成了善于借鉴、善于综合、擅长文化再创造的文化创造习惯，因而从文化创造的角度对日本的文化精神力进行考察的话，可以说集中地体现为综合统一和淳化超上[⑧]的大和民族文化创造精神。

4.2.1 综合统一

大和民族富有综合统一的文化创造精神。应神天皇十五年（285）儒教首先由当时的朝鲜百济传入日本，然后钦明天皇十三年（552）佛教也和儒教一样经百济传入日本，这样中国文化和印度文化被日本文化所接受，并被综合统一到日本的文化创造当中。

首先，中国文化被综合统一到日本的文化创造。因为中日文化在很多方面有着共通之处，所以中国文化中的儒家文化很容易便被日本人所接受，并且从一开始传入便对日本的文化创造起到了刺激作用。应神天皇时期的皇太子菟道稚郎子首先学习了儒家文化并赋予实行。应神天皇驾崩后按照惯例理应由菟道稚郎子继承天皇位，但菟道稚郎子认为其兄长大鹪鹩尊比自己贤明，所以不应

[⑧] 井上哲次郎：《日本精神の本質》，廣文堂書店（1941），第194～209頁。

该由自己继位，便让位给大鹪鹩尊。大鹪鹩尊也执意不肯继承天皇位，这样皇位竟然空置了三年。菟道稚郎子认为，既不能强迫兄长继位，也不能不管天下苍生，最终，皇太子自杀，大鹪鹩尊只能继承皇位。这一事件的发生可以说完全是因为受到了儒教思想的影响。大鹪鹩尊继承皇位，史称仁德天皇。仁德天皇也深受儒教思想的感化，以儒教思想施以仁政，成为日本历史上有名的仁君。

但是，儒教思想中也有不适合日本国情的弊害，其中比较显著的便是儒教所提倡的革命思想。孔子、孟子都认同革命论，儒教思想的信徒都尊崇商汤、周武等对失德之君的讨伐。在儒教革命思想的影响下，武烈天皇时出现了大臣平群真鸟企图自立为天皇的事件；皇极天皇时，苏我虾夷和苏我入鹿图谋篡位，诛杀了圣德太子之子山背大王兄，架空了天皇；到了平安朝，平将门又意图谋反，等等。虽然，日本历史上也出现了企图取代天皇的革命事件，但基本上都没有取得成功，这说明革命思想不适合日本的国家体制，中国的儒教思想中存在着对日本造成弊害的成分。因此，大和民族在吸收儒教文化进行文化创造时舍弃了其中可能带来灾害的部分，保留了儒教文化对日本文化发展有所补益的部分。

菟道稚郎子   **仁德天皇大鹪鹩尊**

同样，佛教文化中也存在着阻碍日本文化创造的成分。其中，特别明显的事件便是奈良朝僧侣参与国政，皇室不能独立行使皇权，最终导致桓武天皇迁都而重获皇权。玄昉和道镜是僧侣干政的典型案例，特别是道镜竟然自己想成为天皇，他的野心最终被和气清风吕所揭穿，皇权被挽救于危难。即使这样，佛教文化的传入也为日本的文化创造做出了很大的贡献。佛教思想丰富了日本人的思想，影响了社会各个方面，使日本人有了好人有好报的因果观。如果说儒教文化是从道德追求方面促进了日本文化创造的发展的话，佛教文化则是从宗教信仰方面促进了日本文化创造的发展。而日本人也确实是在儒教文化和佛教文化的影响下创造了日本独特的文化。到了织田信长时期，基督教传入日本，一段时期内也对日本文化有所影响，尤其是九州岛的大名们都信仰基督教。

日本的文化创造对待中国文化、印度文化、西洋文化等外来文化，往往采取综合统一、再进一步发展的态度。从文化接受的路径来看，不是简单地吸收一种文化，而是吸收多元文化，形成与日本本土文化和谐共存的并行文化，然后进行综合发展，进而完成文化创造。这种综合统一的精神是大和民族在文化创造方面所体现出来的文化精神力之一。

4.2.2 淳化超上

大和民族不仅仅是虚心地接受各种文明的先进要素进行综合统一，还会对接受到的文化进行咀嚼、消化进而取得更高层次的发展，亦即淳化超上的思想倾向。从文化创造的角度来说，淳化超上的思想倾向可以说是一种关注文化再创造的思想倾向。

通过佛教文化在日本的传播和发展可以看到大和民族这种淳化超上的思想倾向。钦明天皇十三年佛教传入日本，推古天皇时期开始佛教得到日本政府的扶植，而比较深入理解佛教思想的是圣德太子。圣德太子时期，已经有很多佛教的大乘和小乘佛法的经卷传入日本，圣德太子从这些经卷中选出《法华经》《维摩经》《胜鬘经》进行注释。《法华经》是佛教经文的经典，《维摩经》适合居士，《胜鬘经》则适合女性，这三种经文都源于大乘佛法，而不是小乘佛法。圣德太子对这三经进行注释并亲自讲解，可以说正是一种深入研究、淳化超上的体现。

奈良时期，佛教得以盛行，出现了俱舍宗、成实宗、律宗、三论宗、法相宗、华严宗六宗相争的局面。六宗相争虽然说明了当时佛教的兴盛，但也不可避免地对日本的文化创造带来了危害。六宗相争并不单单是佛法方面的争论，在城市中建立寺庙的这些佛教宗派都与政治力量紧密相联,他们的争斗掺杂了很多的政治因素,严重地阻碍了天皇皇权的行使。在这种情况下,当时的桓武天皇急切地需要遏制六宗相争的局面,而由最澄所开创的山岳佛教则适应了日本政府对佛教进行改革的需求。最澄大师出生于江州,在东大寺受具足戒,19岁时心怀佛教改革的精神上比睿山开创了山岳佛教,后世也称最澄大师为传教大师。桓武天皇为了消除佛教各大寺院对皇权逐步扩大的影响,计划迁都到山城国(今京都地区)。但迁都之事却困难重重,因为当时离开了佛教,中央政府是无法建立的。而远离都市和政治的山岳佛教正好可以发挥镇护国家的作用,桓武天皇借助富有佛教改革思想并可以承担镇护国家职能的山岳佛教顺利完成了迁都。

奈良朝的佛教被城市的喧嚣所腐蚀。最澄远离世俗在比睿山创立的天台宗正可以保证佛教远离凡尘,保持清净。传教大师早期在奈良的东大寺受小乘戒,但后来传教大师破弃了所受的小乘戒,去唐朝学习大乘佛法并受大乘戒,回到日本后又受灌顶于弘法大师。而且传教大师认为大乘佛法适用于日本,小乘佛法是不适用于日本的,所以像小乘戒这样低级的东西应该丢弃,而必须提倡大乘戒这样高级的东西。也就是说他认为适合大和民族的佛法只有大乘佛法,所以他在比睿山开设的戒坛所授之戒为大乘戒,即《梵纲经》所说的菩萨戒。传教大师向桓武天皇请求允许开设大乘戒坛的敕令,桓武天皇本想允诺,但遭到小乘佛法六宗的激烈反对。之前相互争斗的六宗此时团结一致极力反对大乘戒坛的开设,进而出现了传教大师与六宗的论战。在长时间的论战中,传教大师写出了《显戒论》《守护国界章》等,也耗费了巨大的精力,逝世于比睿山中道院。而传教大师毕生所追求的开设大乘戒坛的敕令也在其逝世一周后得以实现。

弘法大师御尊影

虽然奈良时代日本存在着小乘佛法，但是后世不是消失就是没有得到大的发展，时至今日日本的佛教也主要是以大乘佛法为主。所以今天提到信仰大乘佛教的国家一般首先想到的是日本。大乘佛法产生于印度，尔后扩展到蒙古、中国、朝鲜、越南等国家和地区。佛法主要分为大乘、权大乘、小乘三个阶段。可以说，小乘是最低端的阶段，而权大乘也不足以满足日本文化的发展，作为宗教来说，最受日本欢迎的是大乘佛教。传教大师作为革新者从纷繁的佛教宗派争斗中创立山岳佛教，弘扬大乘佛教正是大和民族淳化超上思想倾向的充分体现。日本儒教的发展也能显现出大和民族这种淳化超上的思想倾向。例如，江户时代也出现了古学派、朱子学派和阳明学派之争。这样的争论正是发掘中国儒教之精髓，剔除阻碍日本文化发展的弊害，结合本土文化特点求得新的日本文化创造的一种体现。

从日本吸收外来宗教的情况来看，积极地吸收佛教和儒教中的有益成分，并深入领会其中的精髓，取得进一步的发展，正是大和民族在文化创造过程中积极推动文化受容路径转变即从受容路径Ⅰ到受容路径Ⅱ进行转变的具体体现。这样一来，日本的文化创造一方面可以吸收比自己文化高端的文化发掘其精髓，另一方面又可以淘汰高端文化中的低级成分和比自己文化低端的外来文化。

第5章 政治体系延续下的中日文化传承力

谈及文化之传承，必会涉及到文化的传统。历史是非连续性的，每次变革都会有文化更新，清除象征传统文化的部分记忆，后人甚至可能因此彻底地忘记传统那套话语体系和文明体系，丧失集体身份认同的稳定连续性。上一章中所涉及的近代以前中日的文化精神力都是有很强的延续性的文化传统，而且这些文化传统都不是一时形成的，它要在历史的岁月中不断磨砺，从而影响这个民族的性格。而对于近代之前中日两国的文化传承力来说，政治上中国源远流长的大一统观念和日本万世一系的天皇制度应该是其中比较典型的例子。

5.1 源远流长的中国大一统观念

中华文化的传承力可以体现在很多的方面，但是其中最为突出的就是在政治领域中的大一统观念。时至今日，在多元文化相互交融、西方价值观在一定程度上冲击中国传统价值观的时代背景下，政治上大一统的观念仍然深入人心。而且，中国人心中的大一统又是在中央领导下的大一统，这种中央集权下的大一统观念在近代之前便长期存在。关于中央集权这样的政治形式往往会被西方学者所诟病，但是这种来源于中华意识的政治形式十分符合中国大一统的局面，并且与中国文化融为一体，根深蒂固。

5.1.1 华夷之辨

虽然"中华思想"是日本学界部分学者为了辩解中日之间近代战争从日本的立场出发探讨中国文化思想而做出的一种概括，而且这种概括令作为受害方的中国人民感到十分愤怒。但是，唯我独尊的"中华思想"在中国人的身上是普遍存在的，简而言之便是中华民族中心主义，在中国历史中更多地表述为华夷之辨。

中华文化起源于黄河流域，华夷之辨或称"夷夏之辨"的说法用于区别起源于黄河流域一带的华夏民族和周边民族以及描述彼此之间的关系。当时，因为黄河流域的生产力等文化发展水平较高，所以人们便认为，华夏民族是文明的中心，而周边的生产力水平较低的民族则为"蛮族""化外之民"，并以四个方位命名，分别是"东夷、西戎、南蛮、北狄",如《尚书·大禹谟》记载大禹治水后,"无怠无荒,四夷来王"①。随着生产力的发展和交通的发达,古代中国人对周边世界的认识范围也不断扩展,在对待与其他国家的关系时,认为中国的皇帝才是天子,中国的皇朝是天朝,而其他国家是中国的藩属国,其首领最多只能称为王。

天子与四夷

在确定华夷地位的基础上,中国人按照信仰习惯建立了中央集权制。中国人的信仰与中国传统的政治结构是同构的,即"一元结构"。对"天"的祭祀权被最高统治者即天子独享,而天子所居之地便是"天下",是距离"天"最近的地方。因此,在中国古代的政治思想中,天子作为天的代言人,有着无上的权威,同时,中国的帝王往往都是通过武力发动"易姓革命"取得天下,将政治、军事、经济等各种权力集于一身,这样一来以皇帝为中心的中央集权制度在中国应运而生,虽然有着王朝的姓氏更替,但一元的政治结构仍然得以延续。

5.1.2 整体意识

整体意识来源于中国传统的整体思维,整体思维是中国传统思维的主体,渗透到中华民族文化创造的各个方面,具有很强的稳定性,并沉淀于中华文化的历史传统之中。整体思维在中国很早就已经出现了,《周易》各卦画、各卦书的排列以及卦爻辞都体现着这种整体思维。从古代开始,中华民族便把人与自然、个人与社会、个体与个体之间看作和谐统一的一个系统,认为这个系统中

---

① 孔安国传,孔颖达疏:《尚书正义》,北京大学出版社(2000),第105页。

的任何事物都是发展变化的,每个事物的发展变化必然与其他事物发展紧密联系,因而中华民族的文化创造离不开从整体思维出发认识和分析世界万物,并需要从诸多文化对象和谐统一的角度实现文化创造。正是基于这样的整体思维,中华民族的整体意识渗透于哲学、社会管理、科学等各个领域。

哲学上,将天和人看为一个整体的"天人合一"认识观是整体意识的具体体现。这里的"天"指的是自然界,"天人合一"是中华民族对待自然、处理人与自然关系的思想基础。"天人合一"产生于先秦时期,而后由北宋时的张载明确提出,经过不断的阐发形成完整的思想体系。这种认识观认为:人是自然的一部分;因为自然界有着客观规律,所以人应该服从自然界的客观规律;人性便是天性,人的道德也该与自然规律一致;人应该追求与自然的和谐统一。

社会管理方面,孔子创立的儒家学说能够在中国近代之前得以兴盛并源远流长,正是因为其从社会整体的管理出发,重视构成社会的群体和个体的人,并将这种整体思维与皇权统治紧密结合起来。儒家学说将社会的结构按等级分为天下、国、家、人,提出了修身、齐家、治国、平天下的人生目标。儒家学说又将人与人的关系分为君臣、父子、夫妇、兄弟、朋友五大关系,与社会等级形成同构,进而通过三纲五常的教化来维系社会伦理和皇权统治。

儒家社会治理的整体思维

整体思维方式在自然科学中的体现尤以中医学最为典型。中医学以阴阳学说为理论基础,把人体分成与阴阳对应的"象",通过"象"的调治达到阴阳平衡的目的；而人体的阴阳又与宇宙间所有有形和无形的物体都有着普遍的联系，阴阳互相依存、制约、转化，从而通过阴阳的调节改善整个生命机体的功能以恢复健康状态。中医学运用五行观念把作为整体的个人同自然环境联系起来，从时间和空间的多维结构中把握人体的变化，构成一个有机的理论体系，形成"辨症施治"的主要特色，在中华科技史上写下了光辉的篇章。

中医的整体思维

5.1.3 大一统观念的传承

在中华思想和整体思维的基础上，中国古代社会出现了大一统观念。大一统的观念是一种多元一体的观念。如《尚书·尧典》中有"光被四表""以亲九族""平章百姓""协和万邦"[①]的说法。其中"四表"是天下的意思，后面的九族（亲戚）、百姓（国民）、万邦（各个民族）就是天下的构成部分。而此时的天下已有一个中心，尧就是这个中心，这一时期的天下还是一个松散的整体，但彼此之间已经有了联系。"大一统"观念在当时还没有形成理论体系，向往国家统一、整合多元文化还只是先秦时期哲人的理想，春秋战国时代虽然政治分裂，但大一统思想的孕育和产生为继之而来的秦汉统一王朝的建立奠定了稳固的思想基础。

秦灭六国，先秦时代的大一统理想终于在政治、经济、文化、地域上得到

---
① 孔安国传，孔颖达疏：《尚书正义》，北京大学出版社（2000），第25～40页。

了空前的实现。秦始皇实施"车同轨""书同文"的一系列措施把中国纳入统一的模式之中。后继的汉朝继承秦朝的大一统观念，进一步巩固了中国的大一统局面。秦汉的大一统又以中央集权为中心，所以两个朝代的皇帝都在不断地加强中央集权。

汉武帝时期的儒学家董仲舒系统总结了秦汉之前的中国传统思想，以独到的思想开辟了新儒学。其中最有代表性的是董仲舒将政治统一和意识形态统一紧密结合起来，提出了理论形态的"大一统"思想。董仲舒的大一统思想来源于《春秋公羊传》的"王正月"和"大一统"。《春秋公羊传》有云："元年者何？君之始年也。春者何？岁之始也。王者孰谓？谓文王也。曷为先言王而后言正月？王正月也。何言乎王正月？大一统也。"① 这里是从对元年、春、王的理解和相关联系引出了"王正月""大一统"的思想。元年是指国君即位的第一年；春是指一年中的第一个季度；王是指周文王。而为什么说先讲王而后才讲正月呢？因为用的是周文王历法的正月。为什么要用周文王历法的正月呢？是为了使用天下通用的统一历法。春秋时期，虽然周王的势力衰弱，但各诸侯国仍然是以周王为天子，既然以周王为天子，历法方面本应该都采用周历，可是实际情况却并不一致。例如《左传》记晋国事常用夏历（以现在农历的正月为岁首，故今农历亦称夏历），说明晋国在当时采用的是夏历。另外这里大一统的"大"字是"以……为重的意思"。表面上看，这里的"大一统"指的是历法的统一，实际上暗含着要恢复到周文王时代幅员辽阔、国家统一的理想政治模式。

元光元年（前134），汉武帝下诏征求治国对策，董仲舒明确提出大一统是宇宙间的普遍规律，建议独尊儒术、实现大一统。董仲舒献策说道："《春秋》大一统者，天地之常经，古今之通谊也。今师异道，人异论，百家殊方，指意不同，是以上亡以持一统，法制数变，下不知所守。臣愚以为诸不在六艺之科孔子之术者，皆绝其道，勿使并进。邪辟之说灭息，然后统纪可一而法度可明，民知所从矣。"② 董仲舒的"大一统"思想的核心内容可以概括为：一、反对诸侯分裂割据以保证领土完整；二、加强中央集权以统一政治；三、要独尊孔子

---

① 公羊寿传，何休解诂：《春秋公羊传注疏》，北京大学出版社（2000），第7页。
② 班固撰，颜师古注：《汉书》，中华书局（1964），第2523页。

儒学以统一思想。董仲舒的"大一统"是一种符合统治阶级心理的帝制儒学，受到了汉武帝的赞赏，西汉几个皇帝也都积极贯彻大一统的建议。董仲舒的"大一统"是在秦代法家专制治国的基础上，增添了一套大体源自儒家的观念系统，是一种法儒混合体。即，统治者对百姓的管理可以通过法家有形的赏罚来实现；而对官僚阶级的统治，除了需要政治上的法家奖罚之外，还要依靠统治者以身作则、遵循礼制成为有德者，才可以被广泛地接纳，从而得到官僚和儒士的支持。

从此"大一统"观念深深地融入了中国历史和文化，成为团结、凝聚华夏民族进行文化创造的强大精神支柱。正是源远流长的大一统观念给中华民族带来了一个安详而有层次的社会，而这样安详和有层次的文化创造环境为中华民族的文化创造提供了有益的保障。

5.2 万世一系的日本天皇制

日本的天皇制在世界的帝王制度之中是一种独特的存在。从古代天皇制成立至今，在漫长的历史进程中，尽管日本的政局经常风云变幻，政权在摄政、关白、幕府将军、藩阀官僚之间几经易手，但天皇作为日本唯一合法的君主地位始终没有改变。千百年来，日本皇统连绵，从未体验过中国封建王朝屡屡发生的改朝换代、"易姓革命"之苦。日本天皇这样一系世袭至今，即所谓"万世一系"从未间断，在世界范围内是绝无仅有的。

5.2.1 政权与神权分离下得以延续的天皇制

关于"权威"一词，美国政治学家赫伯特·西蒙曾经说过，权威是促使他人自发地信赖和服从的能力和关系。权威往往与宗教、信仰等紧密相连，权威的取得依靠于正当性、合法性，有着稳定、低成本的特点。权力是依靠强制手段使人屈服的能力，往往与政治力量、军事力量等有着紧密的关系，权力的取得往往依靠暴力的手段，并且要付出高成本，并伴有不稳定性。

在日本的政治体制中，神权和政权相分离，即天皇享有绝对的、无限的神权权威、而政治权力大多数情况下是掌握在天皇以外的大臣、将军、藩阀等人的手中，天皇的政治权力十分有限。但是，每次政治权力转移的完成都要经过天皇神性权威的认可才算最终确立。

日本天皇的神权即宗教权威是绝对的、无限的，而其政权即世俗政治权力却是相对的、有限的，天皇长期地超脱、超越于世俗政治权力，虽君临而不统治。换言之，日本历史上，天皇主要是作为神性权威的象征而存在，并以他的绝对权威来保障政治权力的正统性、合法性。天皇的这种特殊地位，使之历经沧桑，随遇而安。

日本天皇作为政治权力的象征，像中国的皇帝那样拥有绝对的、至高无上的权力，在历史上只是极为有限和短暂的几个时期。古代天皇制时期可以说是天皇历史上最辉煌的时期。公元7世纪中叶，日本发生了大化改新。经过大化改新，日本模仿中国的皇帝制度，建立起以天皇为全国唯一的最高统治者，以豪族为官僚贵族，在行政上把全体国民按地区加以组织和统治的政治形态——古代天皇制。古代天皇制下，天皇成为全国最高主权者，地位相当于中国的封建皇帝，全国的土地和人口都属于天皇所有。

从公元701年制定的《大宝律令》来看，天皇在决定重大问题时使用的正式名称是"现御神大八洲所知大倭根子天皇"。"现御神"是神以凡人身份降世的意思，具体地说就是太阳神天照大神的子孙降临日本，"大八洲国"是岛国，

天孙降临

即指日本,"根子"是尊称,"所知"是统治,整体的意思就是天皇乃统治日本的"现人神"。这是中国儒家"君权神授"思想在日本的翻版,或者说是具有日本特色的"君权神授"观念。这时的天皇跟中国皇帝一样,集政权与神权于一身。但古代天皇制在经历了飞鸟、奈良、平安前期以后,到平安中期就开始瓦解。从"摄关政治"时期开始,天皇与政治权力相分离,仅仅作为神性权威的象征而存在。摄政、关白用天皇的名义行使权力,掌握实权,成为事实上的权力中心。朝廷也不再是执政机构,不过是祭奠仪式的场所。

公元10世纪,武士阶级兴起。到公元1184年,武士首领源赖朝开设镰仓幕府,武士阶级掌握了政治权力,日本历史进入"武家政治"时代。从镰仓幕府到德川幕府,日本的政治、军事、外交等统治国家的大权都落到幕府将军为首领的武士阶级手中,天皇大权旁落,形同虚设。镰仓幕府末年,后醍醐天皇打倒镰仓幕府,恢复天皇亲政,天皇制政权曾一度复辟,历史上称之为"建武(1334)中兴"。但这种情况也是昙花一现,两年后政治权力又被足利氏所建立的室町幕府所取得。此后,历代天皇中再也没有人能够夺回政治权力。从平安中期到明治维新的1000余年,天皇制作为一种形式、一种制度,虽然依然存在,天皇的君主地位也从未受到威胁,但天皇不再是政治权力的象征与代表,天皇以外还存在着实际掌握日本政治权力的世袭王朝——摄关时期世袭摄政、关白之职的藤原氏,镰仓时期的源氏,室町时期的足利氏和江户时期的德川氏。

明治维新到日本战败投降,这一时期天皇重新亲政,执掌权柄,实现了天皇制政权的回归,但时间也不长,只有70余年。战后,日本实行象征天皇制,天皇不再拥有行使国事的大权,只是日本的国家象征,是"日本国民整体的象征",再次与政权分离。就"天皇亲政"这一形式而言,近代天皇制是对古代天皇制的回归,而战后象征天皇制则是对中世纪虚君制的回归。

总体来看,在天皇制的1300余年的历史中,天皇亲政,作为世俗政治权力的象征只是三段有限的时期,古代天皇制时期200余年、建武中兴时期2年、近代天皇制时期70余年,加起来不足300年。天皇制的大部分历史,是天皇与政权分离,远离世人追逐争斗的权力中心,这是天皇能够一系世袭至今的第一个原因,也是最重要的原因。

5.2.2 天皇制的神性权威

与天皇的政治权力时断时续形成鲜明对照的是，天皇的神性权威却是一以贯之的。无论是天皇亲政时期，还是与政权分离时期，天皇的神性权威不变，天皇的君主地位不变。

天皇的神性权威，来源于有关天皇起源的神话传说及由此演变、发展而成的神道教。按照《古事记》及《日本书纪》的记载，天皇是太阳神天照大神的子孙，因此皇统就是神统。天照大神之孙琼琼杵尊从高天原（神仙世界）降临苇原瑞穗国（日本）之际，天照大神授予他三件神器：铜镜、剑和勾玉，并指示他作为天照大神的子孙，主要任务是通过祭祀神镜（天照大神之灵魂）来祭祀天照大神，而其他政治之事则由其他有智慧的人代劳。于是铜镜成为伊势神宫的"神物"，同样的铜镜也在宫中贤所供奉。伊势神宫及宫中贤所的祭祀活动，成为天皇的特权，成为天皇神性权威的象征；而镜、剑和勾玉三件"神物"，成为天皇家的传世之宝。天皇作为人格化的神和神格化的人，具有不可侵犯的权威。

铜镜、剑和勾玉

天皇所具有的这种不可侵犯的权威是来源于天照大神的道德性。和辻哲郎等学者将天照大神的道德性，总结为"公平无私、慈悲宽容"。而作为天照大神子孙的天皇正是因为继承着这样的道德性才会取得不可侵犯的神性权威。具体而言天皇所继承的天照大神的道德性体现在五个方面：

第一，天皇祭祀神灵是祈求日本全体国民的幸福、世界的和平。日本人民认为，历代天皇进行的为日本国民和世界祈福的祭祀如同天照大神为高原天而进行的祭祀一样，是十分重要的。因此，敬神是日本历代天皇的职责和义务。

第二，天皇注重道德，努力提高修养。历代的天皇有着代表全体国民祭祀神灵，同时把神灵的指示传达给国民的职责和义务。因此为了能够无私地执行这些职责，必须不断提高修养，达到职责所要求的道德境界。

第三，作为天皇道德性的具体体现便是对国民的慈悲之心。如后水尾天皇的"训诫书"中写道，作为天皇应该"戒嗔、戒怒，温和慈悲地对待臣民"。又如江户时代的光格天皇的书信中曾经写道："以吾之身感人之痛，去欲而以慈悲之心施仁惠于万民是天皇所应有的第一觉悟。"这些都体现了天皇以慈悲为怀的道德性。

第四，公平无私的精神。公平无私可以从两个方面进行解读，一方面天皇应该以神之心为己之心，去除私利和私欲，站在全体国民的角度上，造福国民；另一方面，应该使全体国民共同进步，一起走上正途。这与前面所说的仁慈之心是相辅相成的。

第五，作为天照大神继承者的自我反省意识。从天皇是日本全体国民的代表这一点来看，天皇往往是为日本以及全体国民所犯错误进行反省，反省就代表着对责任的承担。如果国家或者国民遭受到了苦难，天皇就应该承担责任，深深地反省自己不德之处[①]。

正是因为天皇拥有着这样的道德性，因而在日本国民的心目中天皇具有不可侵犯的神性权威。而这种神性权威是天皇家以外的任何姓氏家族也望尘莫及、无法取代的。它令一切"凡夫俗子"感到敬畏，令一切野心家望而却步。无论是摄政、关白，还是幕府将军，他们虽可以问鼎政权，却不敢问津皇位。天皇的神性权威是保证天皇一系世袭的第二个重要原因。

历史上，日本属于中华文化圈，长期接受着中国儒家文化的影响和熏陶。儒学从公元4世纪起就传入日本。不过，在日本广泛传播的儒家政治学说中，主要是有利于维系皇权、有利于统治人民的"君权神授"思想，而容易成为"易

---

① 美和信夫：《天皇および天皇制についての一考察》《モラロジー研究》NO.5，日本モラロジー研究所（1977）。

姓革命""人民革命"理论依据的"有德者王""放伐""革命"等思想则被作为异端邪说遭到排斥。这对于维护天皇的君主地位、确保皇位一系世袭，是十分有利的。这也是天皇能够一系世袭至今的第三个原因。

第6章 经典思想凝结中的中日文化批判力

文化的批判力来源于批判性思维,现代哲学的批判性思维蕴含着怀疑、辨析、推断、机智、敏捷等意思。从文化创造的角度来说,文化批判力可以理解为一种文化对自身文化传统的扬弃能力和对外来文化的选择性吸收能力。考察近代以前中日传统的文化批判力应该从两国文化所蕴含的对内和对外两个方面的批判性思维入手。因此,本章从中国内部对封建儒家学说的批判和对外来佛教思想的吸收来考察中国近代之前的文化批判力;而日本文化的发生和发展往往是在外来文化的推动下得以展开,因而日本文化的批判力更多的体现在对外来文化的批判和接受方面,其中,日本神道教的发展充分体现了这种将自我批判和跨文化批判相交织的特征,所以本章对日本近代之前文化批判力的考察以日本神道教的发展为对象。

6.1 内发而乏力的中国文化批判力

中国传统文化存在着批判性思维。儒家经典论著《礼记·中庸》将治学方法概括为"博学之,审问之,慎思之,明辨之,笃行之"[①]。即在达到一定知识积累的基础上,分析所学,提出疑问,深入思考,明辨是非,付予实践。并且,儒家学者认为治学的五步中"存疑""质疑",即善于思考是取得学问水平提高的关键。这种"质疑"精神恰巧是抓住了批判性思维能够提出问题、保持敏感的特点。另外,《孟子·尽心下》说到"尽信书,则不如无书"[②],说明了孟子也强调在学习上应该把握住批判性思维,随时抱有怀疑的态度。儒学对批判性思维的提倡被后世所继承并得以延续,宋人陆九渊提倡治学当中的"怀疑思想",他认为学习最担心的是没有疑问,有疑问并提出来进行解决,学业才会有所长进,小的疑问有小长进,大的疑问有大的长进,即所谓"为学患无疑,疑则有进,小疑则小进,大疑则大进"[③](《陆九渊集·语录下》)。宋人朱熹则说:"读书无疑

[①] 郑玄注,孔颖达疏:《礼记正义》,北京大学出版社(2000),第1690页。
[②] 焦循撰,沈文倬点校:《孟子正义》,中华书局(1987),第959页。
[③] 陆九渊著,钟哲点校:《陆九渊集》,中华书局(1980),第365页。

者须教有疑,有疑者却要无疑,到这里方是长进。"①(《朱子语类》卷十一)朱熹认为,读书学习的时候,需要有质疑的精神,发现问题并进行思考,最后达到解决问题才会有所长进。明人陈献章说:"前辈谓学者有疑,小疑则小进,大疑则大进。疑者,觉悟之机也。一番觉悟,一番长进。"②(《陈献章集·白沙子与张廷实》)陈献章认为,质疑是觉悟的开始,只有质疑并经过思考才能有所长进。以上的相关论述可以说明中国传统文化的主干儒家思想中很早就存在着批判性思维,并得到了不断的继承和发展。但是,这里的批判性思维被限制在治学方面,只提倡为学中的"质疑"思想或者"怀疑"思想,未触动儒家学说的伦理观念以及儒家思想与封建皇权相结合而建立起来的封建伦理制度。而历史上对儒学和封建儒学进行批判的代表性学者是百家争鸣时期的墨子和明末的李贽。

另一方面,由于古代交通、信息传播等方面技术的落后,国家之间、民族之间缺乏文化交流,缺少思想观念的碰撞,一个国家的民众往往只能接触到有限的一种或几种思想文化。对于中国来说,更是如此,中国的地理位置相对封闭,大海、高原、荒漠环绕,与外界交流困难,所以中国古人很难接触到国外的思想和文化,多数人只能接触到中华文化这一种文化,只能接受有限种类的思想和文化,基本上没有别的选择。在有限的几次与外来异质文化的交锋中,因为中华文化的中心地位,往往是外来文化做出适应性的调整被同化到中国的本土文化。其中最明显的例子便是佛教传入中国后,积极调整,与道教一起融入儒学当中,在两宋时期形成了新儒学即理学派。

6.1.1 对儒学的批判

春秋战国时期,涌现出了儒、墨、道、法等不同学派,他们著书讲学,互相论战,出现了后世称为百家争鸣的局面。百家论战可以说是古代中国批判性思维集中迸发的体现,而其中最突出的是儒家和墨家的交锋。墨家学说的创始人墨子曰:"儒之道,足以丧天下者四政焉。儒以天为不明,以鬼为不神,天、鬼不说,此足以丧天下。又厚葬久丧,重为棺椁,多为衣衾,送死若徙,三年哭泣,扶后起,杖后行,耳无闻,目无见,此足以丧天下。又弦歌鼓舞,习为声乐,此足以丧天下。又以命为有,贫富寿夭、治乱安危有极矣,不可损益也。为上者

---

① 黎敬德编,王星贤点校:《朱子语类》,中华书局(1986),第186页。
② 孙通海点校:《陈献章集》,中华书局(1987),第165页。

行之，必不听治矣；为下者行之，必不从事矣。此足以丧天下。"①（《墨子·公孟》）墨子认为，儒者不把天鬼奉为神明而尊崇，使得天鬼不高兴，会危害天下苍生；儒者坚持厚葬，为父母守丧三年，儿女将大量的财富和精力都花费在送葬和守丧上，会造成人民的物质和精神上的浪费，也造成了对天下黎民的危害；儒者强调礼乐，沉迷于没有意义的形式，同样造成毁天下的后果；儒者相信宿命论，认为人的富裕贫穷、社会的动荡和安稳都是已经注定的，人是无法改变的，造成人性懒惰，把自己委之于命运，也会对天下苍生带来灾祸。可以说墨子对儒家的批判十分具有针对性，深刻地触及了儒家思想的伦理观念，然而墨家思想未能及时调整并与封建统治相结合，其对儒家思想的批判在历史上只是昙花一现。

通过董仲舒的"罢黜百家、独尊儒术"，儒家学说与中国的封建制度紧密结合，形成了封建的儒家伦理观念和制度，在漫长的封建社会，很多学者不敢对封建伦理进行批判，而明末的李贽（1527—1602）作为中国古代知识分子中"异端"的代表，对封建儒学及其伦理进行了猛烈的抨击和批判。李贽以"童心说"为出发点，以"私心说"作为批判封建儒家伦理道德的依据，提倡"致一之理"的平等观和"任物情"的个性自由说，倡导个人私欲的合理性，以非凡的胆识和超前的意识抨击异常严苛的封建儒家伦常。

首先，李贽提出了"人必有私"的人性论。封建儒家伦常宣扬国便是家，在家国同构的伦理下人要做到公而忘私，明朝的朱子理学更是提出了"存天理""灭人欲"的观点，使人们认为私欲为恶。李贽从人的正常生理自然欲求出发，公然宣称自私是人的天性，认为封建儒家伦常一味地追求大公无私是完全与百姓的现实生活相脱离的，是一种异化的违背人性的伦理纲常和教条。他说："夫私者，人之心也。人必有私，而后其心乃见；若无私，则无心矣。如服田者私有秋之获，而后治田必力；居家者私积仓之获，而后治家必力；为学者私进取之获，而后举业之治也必力。故官人而不私以禄，则虽召之，必不来矣；苟无高爵，则虽劝之，必不至矣。虽有孔子之圣，苟无司寇之任，相事之摄，必不能一日安其身于鲁也决矣。此自然之理，必至之符，非可以架空而臆说也。然则为无私之说者，皆画饼之谈、观场之见，但令隔壁好听，不管脚跟虚实，无益

---

① 吴毓江：《墨子校注》，中华书局（1993），第905页。

于事。只乱聪耳，不足采也。"①

李贽这番话以农民、儒士、官员以及圣人的私欲阐明了人对物质生活、物质利益的要求是由人的生理需要所决定的，是任何一个人都有的自然属性，离开这些活生生的现实的伦理只能是无稽之谈。农民因为可以得到秋天的收获所以才会专注于农耕。儒士因为可以取得功名才会刻苦读书。为官之人如果没有高的官俸，不会去做官；没有高的官职，即使多次邀请也不会接受。即使孔子这样的圣人，如果不被委以司寇的官职，也不会在鲁国长时间安身。至于人的私欲，当然也就是自然之事了。既然每个人都存在着私欲，那么君臣、父子等一切社会关系之中也自然存在着自私之心。如封建社会君臣关系中的"死谏"现象，长期以来一直被视作无私的表现，但李贽却认为臣之"死谏"终是为己为利，死了落得"死谏"之名，不死等待他的就是大富大贵，因此，虽有危险，"死谏"者却仍不断涌现。正如他所说："夫君犹龙也，下有逆鳞，犯者必死，然而以死谏者相踵也。何也？死而博死谏之名，则志士亦愿为之，况未必死而遂有巨福耶？避害之心不足以胜其名利之心，以故犯害而不顾，况无其害而且有大利乎！"②

其次，针对封建儒家伦常认为人生来就有等级、尊卑、性别之分的宿命论，李贽提出了"一凡圣"的民众圣人观、"等贵贱"的人人平等观与"大道不分男女"的男女平等观。封建儒家伦常的宿命论认为，因为对作为正统思想的儒家伦常的认知不同，人与人之间必然存在着地位的差别。有的人一出生就知道儒家伦常，这种人是最上等的人；有的人是通过主动学习才能懂得，这种人是次一等的人；有的人是遇到了困难才去被动地学习，这种人是再次一等的人；而有的人即使遇到了困难也不去学习是最下等的人③。李贽认为根本不存在圣与凡的区别，每个人在自然天性方面都是一样的，每个人都有可能成为圣人。即"天下无一人不生知，无一物不生知，亦无一刻不生知者……既成人矣，又何佛不成，而更待他日乎？天下宁有人外之佛，佛外之人乎？"④ 这是对封建儒家伦常所宣扬的圣人是天生的、凡夫俗子是成不了圣人的、圣人总是比凡夫俗子高

---
① 张建业：《李贽文集》第3卷，社会科学文献出版社（2000），第626页。
② 张建业：《李贽文集》第1卷，社会科学文献出版社（2000），第26～27页。
③ 郑玄注，孔颖达疏：《礼记正义》，北京大学出版社（2000），第1682页。原文为"或生而知之，或学而知之，或困而知之，乃其知之一也。或安而行之，或利而行之，或勉强而行之，及其成功一也。"
④ 张建业：《李贽文集》第1卷，社会科学文献出版社（2000），第1页。

贵、广大人民要感谢圣人的仁德等一系列说教的批判。

李贽大胆地提出了"大道不分男女"的思想，认为"三从四德""女子无才便是德"等男尊女卑的伦理纲常都是荒诞无稽的说教，公然倡导男女平等。李贽说过，"故谓人有男女则可，谓见有男女岂可乎？谓见有长短则可，谓男子之见尽长，女人之见尽短，又岂可乎？"①

再次，李贽反对封建专制、主张个性自由，提出了"任物情"的自由发展思想。封建统治阶级在对国家进行统治时，认识到一味地用政令和刑罚治理国家会得到适得其反的效果，因而吸取了孔子主张的德治、教化才是治国之本的建议，逐步形成"德礼政刑"的治理体系，经过董仲舒等儒士的发展，逐渐与封建儒家伦常结合为一体。虽然封建统治者也提出了所谓的"大德小刑""德主刑辅"等重德治、轻刑罚的思想，但统治阶级对被统治者的思想禁锢却进一步加强，同时进一步加剧了封建压迫和封建剥削。李贽坚决反对封建统治阶级用"德礼政刑"对人民进行束缚，在其著名的《答耿中丞》一文中，对道学家耿定向拥护"德礼政刑"的言论进行了尖锐的批评。李贽指出天下之人所以不得安生就因为"贪暴者扰之，而仁者害之也。仁者以天下之失所也而忧之，而汲汲焉欲贻之以得所之域。于是有德礼以格其心，有政刑以絷其四体，而人始大失所矣"②。总之，李贽认为自由是整个道德的基础，他的"任物情"的个性自由发展思想，在道德论的范围内充满了平等、自由和尊重个性的精神。"任物情"是对个性自由的呼唤，试图冲破封建社会礼教、政刑的束缚，比单纯倡导人的个性自由而不触及社会制度之根本要深刻得多，具有反对封建等级、反对封建特权的战斗意义。

6.1.2 对佛教的批判

近代以前中国更多的是以中心文化所彰显出的文化自信来同化外来文化，由于中国文化的强势地位，外来文化总是积极地调整，进而以中国化的姿态融入中华文化。

原始佛教认为出家人离开三界外、不在五行中，不管是政治上的君王礼行，还是血缘上的父母长辈，出家人都不用礼敬。东汉时期，佛教传入中国，受

---

① 张建业:《李贽文集》第1卷，社会科学文献出版社（2000），第54页。
② 张建业:《李贽文集》第1卷，社会科学文献出版社（2000），第16页。

限于中国儒家学说在政治上的主流地位，佛教的政治伦理观念和行为必须做出适应性的调整和改变，才能得到中国社会的认同。一些固守儒家传统的人士攻击佛教"无父无君"，损害了封建纲常礼教。从东晋至唐朝，朝廷举行了多次关于沙门拜俗的争论，其中以东晋咸康、元兴、唐高宗龙朔二年（662）的争论最为激烈，这些都迫使佛教积极进行中国化以得到封建统治阶级的认同和支持。因而到了元代，佛教僧人彻底地改变了出家人不拜俗的戒条，接受了儒家忠孝至上的政治伦理原则。

传入中国的早期佛经的翻译就已经注意与中国现实相适应的问题，在中国被称为"护国三部经"的翻译，即后秦鸠摩罗什（344—413 或 350—409）所译的《仁王般若波罗蜜经》《妙法莲华经》及北凉昙无谶（385—433）所译的《金光明经》就是早期佛教适应中国王权政治需要所做出的努力。

中国佛教的许多名僧一改印度佛教不问政治的传统，与帝王及贵族建立各种联系，甚至直接为帝王出谋划策。如西域高僧康僧会（？—280）就与吴主孙皓建立政治往来；东晋道安（312—385）深感佛教发展之不易，提出"不依国主，则法事难立"①（《高僧传》卷五《道安传》）的著名论断，还积极向前秦主苻坚出谋献策；十六国时期的印度僧人佛图澄（232—348），被后赵石勒尊为"大和尚"，协助办理后赵军政机要；后秦主姚兴远迎鸠摩罗什，奉为国师；北凉沮渠蒙逊迎昙无谶为军政参谋；宋孝武帝重用僧人慧琳（生卒年不详），请他参与政事，时人称之为"黑衣宰相"等。所有这一切，都说明中国僧人（主要是名僧）参政并不少见，也是中国佛教关注政治、与统治阶级合作的一个重要表现。随着学术思想界标榜"存天理，灭人欲"的新儒学的出现，佛教、道教思想渗透统一到了儒家哲学之中。自汉武帝"独尊儒术"以后，孔孟之道独霸学坛，由汉至唐经学都颇发达。但汉儒治经偏于考据，流于破碎；唐儒则重注疏，过于支离。宋儒不屑拘泥于旧经，注重佛、道融于儒学，便以阐释义理为主，使之发展为新儒学。

可以说，佛教思想进入中华文化主要还是以佛教思想的自身调节为主，佛教思想积极向封建皇权统治紧密结合的儒家思想靠拢，体现更多的是佛教文化被中国文化所同化，这种同化也能够说明中国文化创造过程中对外来文化的批

---

① 释慧皎撰，汤用彤校注：《高僧传》，中华书局（1992），第 178 页。

判,但是中华文化向外的批判力不如同化力来得那么强烈,同时无论是对内还是对外,中国文化的批判都不得不说相对乏力。

6.1.3 中国传统文化批判力的特点

综上所述,中国传统文化是蕴含着批判性思维的,而且也不难看出,中国古代的文化批判主要是围绕着儒学而展开。不管是儒学在治学方面的质疑思想,还是百家争鸣中墨家对儒家的反对,以及李贽对帝王儒学伦理观的批判,都与儒学有着千丝万缕的关系。从宏观的角度来说,这些文化批判更多地来源于中华文化传统内部的文化自觉,可以说中国传统的文化批判力更多地体现在对自身文化的自我觉醒和自我批判。

中华文化在春秋战国时期最为灿烂,中华文化内部各种构成要素之间的批判表现得最为显著,但是随着"罢黜百家、独尊儒术"的提出和展开,对儒家的批判趋于势微。儒学所提倡的质疑精神也在儒学与封建帝制结合形成帝王儒学之后被限定到了读书治学方面,已经不能形成对儒家封建伦常的自我批判。如东汉政府就规定,每一个知识分子的发言、辩论、写文章,都不能超出他老师告诉他的范围,即所谓的"师承"。如果超出师承,不但学说不能成立,严重的还可能违犯法条。同时这里说的师承并不是其他学派的师承,而是被强调于儒家的师承关系。《后汉书·儒林传序》中有云:"若师资所承,宜标名为证者,乃著之云"①,这正是在儒家师承观的基础上对知识分子著书立说提出的一种要求。宋人宋祁的《宋景文公笔记·考古》中有云:"王弼注《易》,直发胸臆,不如郑玄等师承有来也"②,这句话也突出了著书立说中师承的重要性。这样一来,中国古代知识分子的思维被禁锢在师承、君臣等儒家伦常之中,其想象力和思考力被扼杀、变得僵化。

皇权专制统治不希望民众拥有思考能力。因为封建统治者认为具有思考能力的奴隶最危险,因此几千年来,在教育上一直利用儒家的封建思想对知识分子进行思维控制,使知识分子丧失了思考能力,这样就不会有对皇权的抨击和批判。统治者更是从思想源头上充分利用"学而优则仕"③(《论语·子张》)

---

① 范晔撰,李贤等注:《后汉书》,中华书局(1965),第2548页。
② 陈新:《全宋笔记》第5册,大象出版社(2003),第51页。
③ 程树德撰,程俊英、蒋见元点校:《论语集释》,中华书局(1990),第1324页。

的儒家思想牢牢地控制精英阶层的价值取向，这种色彩鲜明的功利意识不管对古代的能人志士，还是现代受教育的群体，都产生了重要影响。古代的学者大部分都是为了书中的黄金屋，通过封建色彩严重的科举考试，踏上了成功的道路。几千年下来，一切东西都由圣人或有权势的大官之类为我们想好了，自己不需要想，而且也不敢想。要怎样做才对呢？古代中国人似乎需要练习自己去做傻子。即使像清初唐甄曾有过"自秦以来，凡为帝王者皆贼也"[①]的名言，但他思想的主导方面也还是"国不可一日无君"的维护封建专制制度的思想[②]。

另外，从哲学的基本要素来看，儒家学说的很多经典论述并没有对概念的本质内涵做出精确的、具有普遍意义的定义。中华文化更多的是偏重于"道可道，非常道"的领悟，由于知识储备、生活经验等的不同，每个人对某一事物的领悟所达到的认知层次都不具有普遍性。因而，在传统儒家思想的影响下，中国人绝大多数的概念都缺乏最一般的精确性、普遍性的释义。中国的儒家文人，从孔子开始就从来都没有对所谈论的对象进行严格的、精确的、普遍性定义的习惯。例如什么是"仁"？什么是"义"？什么是"智"？什么是"信"？这些都没有精确、普遍、严格的限定。中华文化以及儒家学说中相关哲学概念的模糊性或不准确性是十分明显的。也就是说，从孔子及儒家开始，中国人就没有解决好"是什么"的问题。对于眼前具象的实物对象来说，"是什么"的问题似乎很好解决，例如这个是喝水的"杯子"，那个是吃饭的"碗"之类。但对于抽象的，乃至想象的对象来说，例如"仁、义、礼、智、信"等基本上属于抽象的或设想的概念，如果没有严格、精确、普遍的定义，它们就不可能在我们的生活之中成为思想交流的工具，而没有了这些"工具"，我们也就不可能利用它们去具体地实践"做什么"，自然也更不可能去进一步了解它究竟是"为什么"。中华文化中虽然存在着自我批判的思维，但还是缺乏逻辑性的，不可能充分地发挥自我批判的能力。

另一方面，中华文化在对待外来文化时更多采取的是同化的方式，而且是在相当长的时间过程中的潜移默化，这种同化往往呈现出的是外来文化基于中华文化的中心地位进行自身调整而融入中华文化，因此可以说中华文化外向型

---

① 唐甄：《潜书注》，四川人民出版社（1984），第530页。
② 何凡：《唐甄是资产阶级启蒙思想家吗？》，《晋阳学刊》1985年第4期，第88~91页。

的文化批判力表现得并不是十分明显和充分。

6.2 内外交织的日本文化批判力

日本传统的文化批判是与日本文化作为一种完整文化的形成过程和发展方式有着密切联系的。日本文化在接受外来文化之前只是具备了成为一种完整文化的优良分子，外来文化的渡来促进了日本人挖掘自身文化精髓，从而形成独特的日本文化。正如日本学者内藤湖南所说："日本文化的形成可以这样来解释，其就如植物，从一颗种子开始，得到养分后慢慢发芽，逐渐长大。或如豆腐的制作，最初并没有豆腐形状，但已有了可以形成豆腐的成分，一旦加入盐卤，其成分便凝集起来而成为豆腐。在这两种形式中，日本文化是以哪一种形式形成的，这也是一个问题，而且是一个很复杂的问题，以鄙人之见，当为后者。"[①] 内藤湖南的言论说明了日本原本是没有文化的整体形态的，而只有可以形成文化的成分，借助外来文化的力量，逐渐凝聚起来，最终形成了独特的日本文化形式。因此，日本传统的文化批判力很自然地将自身文化的觉醒和对外来文化的批判紧密结合，并比较明显地表现为对外来文化的批判。日本传统的文化批判力更是按照"有用性"和"实用性"的原则来实现的。正是依靠着这两个原则，日本在批判接受外来的儒家思想和佛教思想的基础上，形成了独特的神道教。

6.2.1 日本神道的发展

日本的神道教来源于距今2000多年以前的弥生时代（前2世纪—3世纪）前期的原始神道。弥生时代前期，原始神道发端于日本人祈求神灵保佑丰收和丰收后答谢神灵恩德的祭祀活动。它是一种认为万物有灵的自然宗教，以祖先崇拜和自然崇拜为其主要内容，以重视祭祀为其主要特点。此时的神道仍然处于一种原始状态，其主要内容和特点与东亚以及世界其他地方的原始崇拜别无二致。对神秘森林中的水或树的崇拜、山相关的各种神灵崇拜、作为神的使者或者化身的蛇的崇拜，以及天神下凡等神话故事都是日本原始崇拜的表象。但是对这些原始崇拜进行概括总结的话，还不能在日本文化的传统中找到它们的共同起源，也就是说当时的原始神道总体上还只是一种巫术，没有摆脱朴素的

---

① 内藤湖南著，刘克申译：《日本历史与日本文化》，中国商务出版社（2012），第10页。

升天思想范畴，还不具备后来"神道"一词包含的独特哲学意义。

随着生产力的发展、王权的扩大和贵族争斗的增加，以巫术活动为主要内容的原始神道教已经无法满足当时日本人对世界的认识，原始神道对王权神圣性的维护也显得苍白无力。公元5世纪开始，汉传佛教经朝鲜半岛的百济传入日本，意识形态上正处于断层的日本人因为佛教组织严密、法式健全、宗教理论和经文完备而渐渐接受了佛教。日本人受到佛教发展和传播的刺激，开始从本土文化发掘建立在原始神道基础上的宗教，并为了区分日本固有传统信仰与外来的佛法，将这种宗教形式称为神道。日本关于神道的最早记录出现在《日本书纪·用明天皇纪》中的"天皇信佛法尊神道"[①]一句。

公元7世纪以前，表面上天皇为首的王族掌握着日本的统治大权，但实际上贵族势力依靠着其强大的政治、经济实力左右着朝政，王权并不稳固。深受大陆文化影响的圣德太子（574—622）为了加强王权，在其掌握摄政大权期间，积极吸收中国文化，在意识形态方面积极扶植佛教。如他曾经两次派留学僧人到中国学习佛法，并下诏兴隆佛法。圣德太子推动制定的《十七条宪法》（604）便大力宣扬佛教思想。如其中的第二条"笃敬三宝"（佛、法、僧）和第十条"绝忿弃瞋，不怒人违"[②]就是对佛教思想的宣传。

公元6世纪末，苏我氏贵族独揽朝政，大有取代天皇之势。以中大兄皇子为核心的王族和中臣镰足为代表的贵族联合，经过周密的策划，于645年6月发动宫廷政变，讨伐了苏我氏，从而夺取了朝廷实权。668年，中大兄皇子在近江大津宫正式即天皇位，史称天智天皇。天智天皇建立了新的政府，并开始推行加强王权的一系列改革，史称"大化改新"。自大化改新开始至8世纪前叶的半个多世纪里，几代天皇的政治重心都是仿效唐代的律令制度，全力加强王权。为了确立天皇中心集权政治的合法性，巩固和发展天皇的权力，几代天皇采取了一系列措施。在意识形态领域，大化改新以后的历代天皇一方面利用儒家和佛教的思想巩固中央集权的天皇制；另一方面，极力推动传统原始神道向民族宗教的转化，其具体表现之一就是皇室神道的成立。所谓皇室神道以"天皇是神""皇权神授"为中心思想，将天皇作为朝廷和国家的中心。皇室神道

---

① 《國史大系》第1卷，経済雑誌社（1897），第361页。
② 严绍璗、源了圆：《中日文化交流史大系3（思想卷）》，浙江人民出版社（1996），第32页。

的体系下，原有的中央、地方等各级神社被纳入国家的统一管理，同时建立和健全祭祀制度、神祇官制度、伊势神宫及其斋宫制度等。这样，皇室神道将日本的原始信仰发展为民族宗教，进而成为皇权的精神支柱。日本学者井上顺孝曾经说过："7纪末由于律令制度的引入，天皇急切地盼望更加有力的中央集权性的宗教体系，神祇官制度得以建立。这样与现代意义上的神道相联系的神道便得以建立。"[①] 这里所说的"与现代意义上的神道相联系的神道"应该是指皇室神道。

日本的神道思想虽然对维护日本古代天皇制、统一日本起到了应有的作用，并在《古事记》和《日本书纪》的神代卷中已经奠定了基础，但传入日本的佛教和儒家思想比神道思想更适合当时统治者的需求，因而先后占据了意识形态领域的统治地位。加之，随着幕府统治的建立、天皇制的衰落，神道思想在很长时间内处于从属地位，出现了神道从属于佛教的佛主神从、神佛同体之说。奈良平安时期神佛习合思想的出现集中地体现了神道从属于佛教的现实。这一时期，以神宫寺的建立为代表的"诸神解脱说"、寺院内建造神社进行镇守的"护法神"观念和平安时期出现的日本诸神获得菩萨名号以及"本地垂迹说"等都是当时日本神佛习合的具体体现，这些也说明了当时神道和佛教之间的联系十分密切，并且两者的结合已经被充分理论化。

德川初期，德川幕府在政治上推行"幕藩政治"，而在宗教领域寻求"幕藩政治"的精神支撑也势在必行。正如中国学者王家骅所说，"在思想意识形态领域，德川幕府的统治者也迫切需要一种肯定现世秩序，有利于武士阶级政治统治的现世本位、武士本位的御用思想"[②]。而此时，朱子理学以其富于思辨的精致理论形态，以及对现实封建秩序的合理论证，适时地迎合了幕府统治者在思想意识形态领域巩固封建制度的需求。因而，德川幕府的统治者将朱子理学奉为"官学"，取代了佛教在意识形态方面的统治地位。儒学、朱子学上升为统治思想，而神道还不能像儒家学说那样摆脱佛教而自成体系，仍然处于从属地位，不同的是由从属于佛教转为从属于儒学，进而出现了神道与儒学相结合的儒神合一的神道思想。儒神合一的代表人物藤原惺窝作为江户儒学的主要创

---

① 井上顺孝：《神道—日本生まれたの宗教システム》，新曜社（1998），第28～29页。
② 王家骅：《儒家思想与日本文化》，浙江人民出版社（1986），第337页。

始人，一开始便把儒学（朱子学）与日本本土的神道相结合，倡导儒神一致论。藤原惺窝说："日本之神道以正我心怜万民，施慈悲为奥秘；尧舜之道亦以此为奥秘也。唐土曰儒道，日本曰神道，名变而心一也。"① 藤原惺窝之后的林罗山，主张"神道即理"，从而为日本神道寻找到了一种更为精辟的理论表述形式。"神道"与"理"同在，"理"与"心"同在，因此"神道"与"心"同在②。儒神合一的观点排斥一切意识形态的异学。如藤原惺窝指佛学为"异端"，罗山指佛学为"虚学"，指耶稣教为"妖狐"。这样一来，外来思想在儒神合一的观点下统统被判为"异端"并被扫荡，以维护儒学本位哲学思想的权威统治地位。山崎暗斋以儒家思想附会日本神道思想创建了垂加神道，他用气、五行、阴阳配合神世七代，这实际上是把神道儒教化了。

不管是神佛习合还是儒神合一，这些观点支撑下的神道很明显都不是独立的神道，日本神道的真正独立始于江户时代复古国学家所提倡的复古神道的出现。复古神道是"基于对日本古典的解释，排斥儒教、佛教的影响，主张回归纯粹的日本古代神道的神道学说。江户中期以来，由荷田春满、贺茂真渊、本居宣长等提倡，至平田笃胤成为一种社会的力量"③。

复古国学家认为，江户之前的国学吸收了大量儒家和佛教的思想，特别是中国儒学的内容，所以不应该被称为国学，因而需要在排除儒家思想的基础上复兴《古事记》中以天皇为尊、日本民族至尊、国家超上的神国意识。复古国学的先驱荷田春满（1663—1736）批判了神佛合习和儒神合一中处于附属地位的神道。复古国学的确立者贺茂真渊（1697—1796）特别重视研究《古事记》，著《国意考》阐明了日本的皇国精神，并以"皇国之道"反对中国的儒教。贺茂真渊曾批判儒教："说是通过学习儒学，可以人心贤明，尊敬天皇，但天下的政治由臣下随心所欲地掌控着，最终将天皇流放到岛屿上。"④

复古国学的集大成者本居宣长（1730—1801）提倡建立在复古国学基础之上的神道，即"复古神道"。本居宣长认为，《古事记》和《日本书纪》尤其是《古事记》当中可以找到日本固有的精神。而且，天照大御神是全世界的主宰，

---

① 严绍璗、源了圆：《中日文化交流史大系3（思想卷）》，浙江人民出版社（1996），第182页。
② 严绍璗、源了圆：《中日文化交流史大系3（思想卷）》，浙江人民出版社（1996），第188页。
③ 日本大辞典刊行会：《日本国语大辞典》第11卷，小学馆（2001），第928页。
④ 尾藤正英著，彭曦译：《日本文化的历史》，南京大学出版社（2011），第105页。

他的子孙所统治的日本远远优越于其他的国家。本居宣长著《古事记传》等，极力宣扬日本至上、天皇绝对。复古国学的完成者平田笃胤（1776—1843）著有《呵妄书》《古道大意》等。他与本居宣长不同的是，以研究《日本书纪》为主，认为天之御中主神是主宰一切宇宙万物的唯一主宰神。平田笃胤的来世观中认为人死之后，灵魂会到达叫作幽冥界的地方，幽冥界是由大国主所主宰的世界，与现世是一致的。人死后经过大国主审判可以进入幽冥界，成为永生的神。复古神道在政治上宣扬天皇绝对权威的"尊王论"，与幕府末期开始出现的排斥外国的"攘夷论"相结合，即"尊王攘夷"，成为天皇权威绝对化和闭关锁国政策的精神支柱。

6.2.2 日本神道发展中的文化批判力

从日本神道的发展中我们可以看到，日本传统的文化自觉和对外来异质文化的批判高度地统一在日本文化发展地进程中，并且集中地体现为对外来文化的扬弃。类似的例子很多，日本儒学、武士道等日本独特文化形式的发展和演变中我们都能够看到这样的特点。

日本的原始文化虽然已经具备了成为独特文化的潜质，但是缺乏通过自力更生建立完备的独特文化的自信和能力，更多的是在外来文化的刺激下，形成日本式的文化。在神道发展的过程中，原始神道在佛教、儒教传入之前便已经存在，具备了成为宗教的基本条件，可以满足当时日本人认识世界的需求。但是随着生产力的发展、社会的转型、政治力量对比的变化，原始神道没有依靠大和民族的自身力量形成系统的宗教组织、教义等，这时原始神道所倡导的崇拜观已经空洞化，日本人急切地需要一种完备的宗教去认识世界，而王族、贵族等统治阶级也需要这样的宗教加强统治。因此，佛教的传入及在日本的传播，一方面给日本人提供了新的宗教信仰，一方面又刺激了日本人挖掘原始神道，进一步完善和发展本土宗教。

其次，日本对外来文化的批判往往要经历一个与外来文化共存的阶段，而且在一定时期内外来文化占据主导地位，本土文化虽然处于劣势，但不会消亡。日本所引进和吸收的外来文化基本上在当时来说都是相对于本土文化要高级的文化，日本人对外来文化有着强烈的好奇心，所以当接触到高度的外来文化时总是积极地加以移植和吸收。正如和歌森太郎所说:"A种族在占领列岛的时期,即使是B种族进入列岛,A种族也会以博大的胸怀欢迎和接受B种族,这种心态是十分积极进取的。"[①]这里虽然只是提到了种族的进入,但是移民往往是一定文化的载体,所以,这也可以看作对外来文化积极吸收的解读。从文化受容的路径来看,日本在接受外来文化的初期,本土文化会和外来文化并存,有时会将文化的主导地位让予外来文化。日本神道形成过程中的"神佛习合""神儒一体"都是本土文化和外来文化并存的现实写照。这个过程中,虽然外来文化有可能占据主导地位,但是日本人正是借助这样的阶段,充分地认识和了解外来文化,促进文化自觉,发现外来文化对本土文化的积极和消极作用,而这个阶段也正是对外来文化扬弃的准备过程。

再者,日本文化对外来文化的批判是在实用主义原则的引导下进行,其归宿必然是本土文化的觉醒和发展壮大,进而产生自身的独特文化。在充分认识到外来文化对本土文化的有用性的基础上,按照趋利避害的实用主义原则,进而扬弃外来文化,并将对日本发展有用的部分融入本土文化当中,在吸收有益成分的基础上建立独特的日本式文化。江户时代,以本居宣长为代表的复古国学家在深入挖掘本土文化传统和发掘外来文化实用性的基础上,提倡所谓的"神佛分离""神儒分离"等理念,神道终于以独立的姿态成为日本独特的宗教形式,并在之后的岁月中成为日本的国教,影响着日本近代化的发展。这说明,在经历一定的准备阶段之后,日本传统的文化批判力可以将外来文化的积极因素充分地吸收并运用到自身文化的自觉和发展壮大。从文化受容路径来看,虽然外来文化和本土文化并存并且外来文化占据主导,日本本土文化有着消亡的危险,但是日本文化却每每得以新生,不得不说正是因为其传统的文化批判力在发挥着作用。

[①] 梅棹忠夫、多田道太郎:《日本文化の構造》,講談社(1972),第195頁。

第7章 中心－边缘互动下的中日文化传播力

广义的文化传播力体现在横向的文化对外传播和纵向的文化传承两个方面。文化传承是指一个社会团体内部对自己传统文化的继承和发扬，之前的章节已经对中日传统的文化传承力进行了考察和分析，所以本章对近代之前中日的文化传播力的考察主要从文化的对外传播方面入手。文化对外传播又称文化横向扩散，这种横向扩散突出地表现为一种文化从空间上由文化源地向外辐射传播，一般可分为直接传播和间接传播。直接传播通常由具备文化的人通过商队、军队等途径直接传播某种精神或物质方面的文化内容，如新的农艺技术和发明创造等；间接传播表现出一种比较复杂的文化扩散能力，主要指某一社会群体促进另一社会群体文化创造的刺激传播，如日本的古代天皇便是受到中国帝王制度在东亚的传播而建立起来的。文化传播的效果取决于文化的实用价值、难易程度、文明声望、时代适应性和抗逆性等多种因素。众所周知，近代以前中日两国的文化对外传播是以作为中心文化的中华文化的对外输出为主的，因此，本章对中日传统文化对外传播力的考察，首先选取中华文化对外传播的几个有代表性的时期，对近代以前中华文化对外传播的基本要素进行归纳和总结，进而利用"中心－边缘"文化互动理论对"中华文化圈"的形成进行分析，为中国文化传播力的复兴和腾飞提供有益的经验和借鉴。

7.1 中华文化的传播力

近代以前的大部分时间内，中华文化以开放的姿态向周边国家传播并影响着周边国家以及全人类的文化发展和进步。在文化自由扩散的基础上，中华文化的传播主要依靠历代封建王朝主动与周边国家和地区进行交往和联系等形式得以实现。因而，本书对近代以前中华文化传播力的考察主要关注近代以前中国与周边国家及世界其他国家地区交往的几个阶段。

7.1.1 近代以前中国对外交往的主要发展阶段

汉代开始，中国以积极开放的姿态取得了与其他国家和地区的联系，中国的对外交往得以萌发和初步发展，形成了陆上和海上丝绸之路。西汉武帝时期，张骞两次出使西域，开启了古代中国文化传播的新篇章。张骞的出使使中国与大宛、安息等国建立了正式的通使往来，并将当时中国文化创造力的代表成果丝织品和冶铁技术带入了西域各国。可以说，张骞开通了中国向西亚和欧洲进行文化传播的通道，正如李敬一教授所说："于是，以张骞通西域为内容的传播活动，掀开了中国传播史上对外传播的第一页。"[①] 此后，中国专门管理西域事务的西域都护府的建立和班超等人对西域的经营，使得中国与西亚、欧洲等地建立了通商关系并取得了逐步发展，中国的丝绸、漆器和冶铁、水利技术等相继传入西域国家，而西域的皮毛、瓜果等也传入中国，进而形成了连接中国与西亚乃至欧洲的陆上"丝绸之路"。这一时期，虽然受限于航海续航能力的不足，中国文化的海上传播不如陆上传播那么繁荣，但也初步形成了海上"丝绸之路"。汉朝以番禺（广州）作为启航港，取得了与印度洋沿岸很多国家的联系，并进一步延伸到欧洲的罗马。依靠海上丝绸之路，中华文化在亚、非、欧几个大洲得以传播。

唐朝是中华文化对外传播的重要阶段。这一时期，中国国力强盛，文化创造的诸多方面都处于世界领先水平，陆路和海路形成了畅通稳定的对外交通线。长安在这一时期已经成为国际大都市，云集了来自亚、非地区许多国家的学者、商贾，将中国的丝绸和瓷器大量带入亚欧各国。广州作为当时海上航线的出海港和海外贸易的输出港进一步得到发展，扬州也成为海上丝绸之路的重要延伸。大宗的丝绸和陶瓷、纸墨和雕刻印刷术等中华文化从这些地方传播到印度、伊朗等国家。敦煌作为陆上丝绸之路的重要据点，成为当时大唐向西展开文化传播的窗口，在佛教的宣扬、通俗文学的传播、科技信息的沟通等方面都发挥着举足轻重的作用。而这一时期大量接受中国文化的是日本和新罗，日本的贵族子弟和僧侣经过选拔作为留学生大量地移植了中国文化，这些人回国后在政府组织、赋税、教育等多个领域推动了高度模仿中国文化的大化改新运动。新罗全面模仿中国唐朝模式，以儒家思想进行统治，同时吸收了道教、佛教等中国文化。

两宋时期由于宋与辽、夏、金时战时和，陆上丝绸之路时断时续，这一时

[①] 李敬一：《中国传播史·先秦两汉卷》，武汉大学出版社（1996），第183页。

期中华文化的对外传播主要依靠东南海路。由于造船技术的进步和指南针的应用,加上宋朝政府的大力提倡,海外贸易大大繁荣,贸易范围东到日本、朝鲜,西至非洲,商业活动日益活跃,出现了泉州、广州等几个重要的海港。元朝时,中国又迎来了统一的政治局面,成吉思汗及其后代不断对外扩张领土,有力地促进了当时中华文化的传播。元朝时出现了中西文化交流的繁荣局面,发达的航运业使中华文化得以传播到更多区域,并进一步生根发芽。如元军带入爪哇沿岸和内地的火器、船只和罗盘等被印度尼西亚人仿制;中国的水手移民柬埔寨、爪哇、苏门答腊、缅甸等地,形成东南亚四大华侨居住地;日本复制朱熹的儒学观点,形成了日本的朱子学;程朱理学同时也被安珦及其弟子李齐贤带到高丽,并在高丽得到蓬勃发展;蒙古人在对俄罗斯一些地区的控制过程中将饮茶和算盘等中华文化带到了俄罗斯,促进了中华文化在东欧的传播。这一时期,外国商人和使者纷纷来到中国,这也促进了中华文化的传播,最有代表性的是意大利商人马可·波罗。马可·波罗在中国游历的见闻引起了西方人对中华文明的兴趣,西方各国的使节、商人纷纷来到中国。在频繁的对外交往中,中国的指南针、印刷术、火药等经阿拉伯人传入欧洲,中外联系更加紧密。

明代政治安定、经济发展,为对外关系的进一步发展奠定了基础,迎来了中华文化对外传播最为繁荣的时期。海路方面,明朝与安南、暹罗、印度等国建立了官方的外交关系,形成了以中国为中心的贸易网。明初永乐年间,郑和先后七次下西洋,其航线南到爪哇,西到红海,最远到达非洲赤道以南的东海岸地区,将中国的瓷器、茶叶、铁器等中华文化传播到了这些地区。中国的近邻日本、朝鲜在这一时期广泛地接受中华文化。中日之间的邦交主要是通过僧侣展开,其中五山僧接受了汉诗文,在日本掀起了学写汉诗文的热潮,形成了日本文学史上颇具影响的五山文学;而朝鲜虽然经历了国号的更替,但一直实行科举制度,在应试的需求下,汉文学成为朝鲜文人的学习典范,大量购入中国的经典子集。明朝中期到鸦片战争前的三四百年时间,中国社会发展逐步落后,统治阶级采取闭关锁国的政策,中国文化的对外传播遭到破坏,逐步衰落。

7.1.2 近代以前中华文化传播的特点

纵观中国古代对外传播发展的基本脉络,可以发现中华文化的传播在传播背景、传播环境、传播方式、传播媒介、传播内容、传播效果几个方面体现出大致如下的特点：

（1）传播背景：社会政治稳定、文化生产力的稳步提升是文化传播的重要条件。文化传播需要有文化生产力的稳步发展作为依托和保障，而政局的稳定又是文化生产力逐步提升的关键。只有具备良好的传播背景和条件，文化的传播才能够得以顺利展开。中华文化对外传播的重要历史阶段汉、唐、元、明这些朝代都实现了政治上的大一统，社会稳定发展。政治的统一和社会的稳定促进了经济的繁荣和技术的进步。经济的繁荣和技术的进步为对外传播提供了经济基础和技术支持，同时也使得文化生产力得到大幅度的提升，使文化的对外传播成为可能。中国在当时世界的文化创造领域中占据着领先地位，吸引了其他国家来中国学习，为对外传播提供了文化上的优势资本。这不仅是对外传播的重要先决条件，也影响着对外传播的进程和效果。

（2）传播环境：中华文化传播有着积极开放的传播环境。文化传播成功与否与政府采取的对外政策紧密相关。一般来说，政府采取封闭自守的对外政策，其文化的传播会受到限制，而采取积极开放的对外政策，则会营造促进其文化传播的国际环境。从秦汉到明朝初年，中国统治者在对外关系上大都采取比较开明、开放的外交政策，促进了中华文化的对外传播。许多对外交往和对外传播的活动都是由当时的中国政府发起或得到政府的扶持。例如，两汉时期张骞出使西域、西域都护府的建立以及班超等人对西域的经营；唐朝政府设立鸿胪寺接待外国使者和宾客，并设立互市监、市舶司管理海外贸易；元朝的统治者也采取开放政策，促进了对外关系的发展，使中外交流出现了前所未有的高潮；明初推行朝贡贸易，对周边邻国采取友好政策，明成祖派遣郑和下西洋，达到了与这些国家和平相处的目的，明朝也设立了市舶司借以管理对外贸易。

（3）传播方式：以官方传播为主，与民间传播相结合。关于官方传播和民间传播的关系，张维华教授有过这样的论述："按照一般规律，中外关系的确立，总是先从民间的相互接触开始，然后才有官方的往来以及对这种民间往来的认可与规定。……同时，民间交往又往往是官方交往的继续。……这样，两国人民之间的交往—交通路线的开辟和经济、文化交流—官方外交关系的建立—更广泛的民间交往和经济文化交流就呈现为一种带规律性的趋向。"[①] 所以,从先秦到明清的漫长历史时期里,中华文化的对外传播是通过官方传播和民间传播的交相互补来实现的。在民间传播发展到一定的阶段,官方传播渗入并成为传播主流。而官方传播又凭借其强大的影响力在加强文化传播的同时,也促使民间传播更加密切。汉时,张骞出使西域,一方面促进了官方传播,另一方面促进了民间传播,进而形成了繁荣和畅通的丝绸之路。明时,官方组织的大规模远洋航行取得了巨大成就,随之民间私人的海上活动也无比活跃,通过与亚、非地区的政治、经济交往,加强了与各国的联系。因此,中国文化传播是以具备正规性和组织性的官方传播为主,并与具有自由性和广泛性的民间传播互为补充的方式来实现的。

(4) 传播媒介:借助海、陆交通和人际传播。近代以前中华文化的对外传播主要媒介是海路和陆路交通路线,并以人际传播为主要形式。从秦汉时期开始,中国文化的对外传播就形成了海上和陆上两条丝绸之路。唐朝时期因为国力强大,海上和路上的交通线都得到了发展,到了唐代中期以后,海上交通则比陆路交通更为发达。宋代时,中国海外贸易范围已扩大到东起日本、朝鲜,西至地中海沿岸和北非、东非的广大地区。明初,依靠造船技术和航海技术的进步,郑和延伸了海上丝绸之路,将中国的文明传播到了大洋彼岸。在传播过程中,中国派遣的使节、民间的商人、僧侣等是主要的传播者。他们通过人际传播,将中华文明带到其他国家,有力地传播了中华文化。

(5) 传播内容:以物质、技术、思想等文化创造成果为主。中国古代的对外传播主要就是物质和思想的传播。近代以前的中国在文化创造的很多方面都处于世界的领先水平,所以在中国文化对外传播的过程中,丝绸、铁器、陶瓷等物产被带入当时落后的中亚、非洲等地,促进了当地的经济发展。汉代对外输出的主要是丝绸和漆器;宋代大批物产被输送到东南亚地区;明代的朝贡贸易更是出口了大量的瓷器、铁器、金、银等。在物质交流的同时,技术和思想的传播也更加频繁。中国儒学在日本等国的盛行,冶铁技术、养蚕技术以及四大发明的传播加速了受众国的发展进程。

---

① 张维华:《中国古代对外关系史》,高等教育出版社(1993),第7页。

（6）传播效果：弘扬了中华文化、加强了中外联系和交流。中国古代的对外传播将中国文化创造的成果传播到其他国家和地区，使中国文化大国的形象得以传播，同时也促进了这些国家和地区乃至世界范围内文化创造水平的提高。另一方面，中外联系和交流的加强，也为中华文化接触和吸收其他文化提供了有利环境，古代中国的对外传播基本上取得了较好的传播效果，在传播中发扬了中华文明，也在传播中吸取了他国文化，取长补短，促进了双方的共同进步。

7.2 宗藩关系下的中日文化互动

中华文化圈是在古代东亚地区，基于文化、政治和地理等因素形成的以中国为中心，包括中、日、韩三国的文化圈。在这个文化圈中，中华文化居于中心地位，而韩国、日本的文化则处于半边缘和边缘的地位。中华文化圈的维系主要依靠中国与日本和韩国所结成的宗藩关系，即中国是宗主国，而日本和韩国都是藩属国。这种宗藩关系在政治上表现为册封制度下的君臣关系、外交上的贡赐关系和经济上的通商关系。从文化传播的角度来说，居于中心地位的中华文化向日本进行扩散，而处于边缘的日本文化在自我适应与调整中，主动向中心文化靠拢，呈现出中心化趋向，并产生文化次生现象，即文化的再创造。近代以前，中华文化具备强大的辐射力，影响着日本文化的发展，而日本在近代以前更多的是作为受众国接受中华文化，同时表现出中心化倾向，因此，在完成对近代之前中国文化传播力的考察和要素分析的基础上，本书从宗藩关系下中日两国的文化互动探讨中日文化传播力的相关影响。

早在汉朝，日本便有使者到达了中国，《三国志》有云"汉时有朝见者"[①]，成书于南朝的《后汉书》则记曰："建武中元二年（57），倭奴国奉贡朝贺，使人自称大夫，倭国之极南界也。光武赐以印绶。"[②]1784年日本九州岛福冈县志贺岛出土的带有"汉倭奴国王"字样的金印，恰恰印证了早在公元57年日本列岛已经有国家向中国汉朝奉贡朝贺。中国的三国时期，日本邪马台王国与曹魏的交往十分频繁。根据《三国志·魏书·倭人传》的记载，景初二年（238），女王卑弥呼被魏明帝封为"亲魏倭王"并赐以金印紫带，此后数年，日本使者多

[①] 陈寿撰，裴松之注，陈乃乾校点：《三国志》，中华书局（1964），第854页。
[②] 范晔撰，李贤等注：《后汉书》，中华书局（1965），第2822页。

次到达曹魏。中国南北朝时期，日本大和"倭五王"（即赞、珍、济、兴和武五王）频繁遣使到南朝刘宋。据《宋书·倭国传》载，永初二年（421），倭王赞开始向刘宋遣使朝贡。元嘉二年（425）珍即位为倭王，继续遣使贡献方物并请求得到刘宋天子的封号。刘宋文帝"诏除安东将军、倭国王"①。

隋朝统一中国后，中日之间中断100多年的遣使交往得以重启。此时，随着国力的逐渐强大，日本天皇在中日交往中已经不满足于藩属国的地位，想以平等的姿态与中国展开外交。推古天皇十五年（607）所发生的"国书风波"便是日本想要摆脱藩属国地位的真实写照。推古天皇委派小野妹子出使隋朝，小野妹子所呈递的国书以"日出处天子致书日没处天子无恙耶"为首句，隋炀帝看后十分不快，认为日本作为藩属国，竟敢措词不逊，用语僭越，便交代鸿胪寺卿："蛮夷书无礼者，勿复以闻。"②难能可贵的是，隋炀帝在日本使者的再三解释下谅解了对方并遣裴世清等人为答礼使回访日本，保证了中日交往的延续。唐朝是中日交往最为频繁的时期。日本先后派遣19批遣唐使到唐朝学习文化及制度。在日唐交往中，日本也在不断地争取更高规格的外交礼遇。如753年元旦，各国百官朝贺时，日本使节认为新罗一直是给日本晋奉朝贡，但向唐天子朝贺的位序反在日本之上，于义不合。最终，日本和新罗异位平息了争端③。

中国宋元时期，日本的外交政策逐渐转向封闭，日本在模仿中国文化的基础上在很多方面已经能够展开文化的再创造，失去了与中国联系的积极性；同时，这一时期日本国内政治混乱，武臣当政，对于中国的主动通好反应甚为冷淡和迟缓，元军两次攻日均惨败而归，更加增强了大和民族独立进行文化创造的自信心。明朝政府为争取日本纳贡称臣，并消除东南沿海的倭患，实行了严厉的海禁政策。这一政策终于迫使日本决定向明朝遣使称臣纳贡，以求得建立与明朝的贸易关系。中日之间宗藩关系在历经长时间中断之后得以重新建立并一直维系到1548年。随着日本国内战乱不已，海上倭患猖獗，中日之间的勘合贸易被迫停止。此后，由于发生明与朝鲜抗击日本的壬辰卫国战争，中国明清易鼎，以及清朝以后日本幕府推行闭关锁国政策等，中日之间的宗藩关系没有

---

① 沈约：《宋书》，中华书局（1974），第2395页。
② 司马光：《资治通鉴》，中华书局（1956），第5637页。
③ 《國史大系》第2卷，経済雑誌社（1897），第307頁。

重新建立起来。

7.3 中日文化互动的文化扩散解读

美国学者迈克尔·赫克特在民族社会变迁理论研究中指出:"各种不同的理论探讨可浓缩简化为两种不同的国家发展模式",即"扩散模式(Diffusion Model)"和"内部殖民主义模式(Internal Colonialism)"。文化扩散模式是指发达的核心地区逐步将政治、经济、文化和社会结构向不发达民族聚居的边缘地区扩散,最终,核心和边缘地区将因为构成各民族内部认同前提的经济、文化和政治方面的条件的消亡而在文化上一体化[1]。

迈克尔·赫克特的文化扩散模式中必然涉及中心文化和边缘文化。陈煦和郭虹认为:中心文化是指多民族共同体社会中发达的核心地区的文化;边缘文化是指多民族共同体社会中,处于边缘地区的文化,与中心文化相对应[2]。他们更多地关注的是多民族共同体社会的中心文化和边缘文化互动问题。而在文化扩散模式下,近代以前的中华文化圈,中华文化是中心文化,日本文化是边缘文化。中华文化和日本文化都有各自的原生文化,这是一种植根于本国文化环境和文化传统的代代相承的文化,显示了文化的本源和民族特质。作为边缘的日本文化受到中心文化扩散和传播的影响,用中心文化话语重新解释和构建原生文化从而出现新的文化样式,即次生文化。原生文化、次生文化以及其他本土化了的外来文化又共同构成了新的日本文化。日本传统的文化批判力部分所论述的日本神道的发展也是可以充分证明这一点的。原始神道是日本神道的原生状态;在汉传佛教的刺激下,皇室神道得以建立和发展;日本神道在原始神道的基础上,借助于汉传佛教、儒家、道家思想等中心文化话语的再解释和再建构最终形成独立的文化形式。

文化圈的形成离不开不同国家之间构建的文化关系及互动,而各种文化之间的相对地位并不总呈现出平衡的状态,客观地形成了中心与边缘的关系。中心-边缘的划分依据如下:首先,是各种文化所处的空间区位。从文化地理学上来说,任何的文化都来源于一定的文化区域,而文化圈是多种不同文化构成

---

[1] 主要观点参考 M.赫克特《内部殖民主义》,转引自马戎:《西方民族社会学的理论与方法》,天津人民出版社(1997),第72页。
[2] 陈煦,郭虹:《次生模式:边缘-中心文化互动的理论研究》,《中共四川省委党校学报》2005年第1期,第43~49页。

的文化共同体，这一文化共同体必然对应一定的文化空间，而纳入这一宏大的文化空间里的不同文化之间自然会产生出位序关系，或居于中心地位，主导着共有空间的总体文化形态；或居于边缘地位，与主流文化和其他文化产生相互影响。其次，处于不同地位的文化所具有的文化辐射力即文化传播力必然存在着差异，这种差异来源于各种文化之间生产力和精神力的力量对比，因此从文化趋向的大势看，不同文化之间必然存在着主次关系。

在多种文化共存的文化圈中，中心文化所表现出来的主导性和影响力形成了一种强大的吸引或者排斥态势。一方面中心文化极大地影响和吸引着其他文化，这里的吸收更多地体现为综合同化；另一方面中心文化往往被作为一种评估和判断其他文化的模式，正是这种模式的存在自觉或不自觉地造成了中心文化对其他文化的强迫态势，迫使其他文化被边缘化。宗藩关系的形成便是中华文化作为中心文化对日本文化进行评判、边缘化所得到的结果。

边缘文化则更多地表现出中心趋同化。一方面，边缘文化在与中心文化的接触过程中，可以向中心文化展示自己文化的魅力。日本在与传入的中华文化的接触过程中，积极展示自己的文化创造，以谋求中心文化对本土文化的认同。另一方面，边缘文化也有在更广阔的范围表现自身文化、凸显其文化价值，并希望谋取与中心文化相对等的地位。中日的宗藩交往中"国书风波""朝贺位争"等事件都是日本在其文化发展过程中谋取中心文化认同的例证；而宗藩关系的瓦解则说明了日本在其文化发展到一定程度后在积极谋求与中华文化的对等地位。

同时，还应该看到中心－边缘的相互文化关系并不是一成不变的。例如中华文化圈的中心文化在近代之前毫无疑问是中华文化，日本文化、韩国文化处于边缘文化的地位。但是进入近代以来，中华文化的中心地位客观来说让位给了西方文化，当然有诸如内藤湖南、福泽谕吉等一些日本学者预测中华文化圈的中心文化将向日本迁移，但是我们应该看到在进入近代以来，文化的发展已经不是像之前那样缓慢，从东亚文化近代化到21世纪的今天短短100多年的时间里，东亚的文化在生产力、传播技术日新月异的推动下，逐渐地融入到了全球的广阔视野之中，对中心文化的界定已经不能单单地以之前相对狭小的文化圈视野来进行。在经历过西方世界的文化帝国主义、冷战对峙等文化阶段后，今天世界各国的文化更多的是在全球化的视域下，相互冲击、相互融合。客观来说，西方的文化价值观在当前和之后的一段时期占据着世界文化的主导地位，而不管是中国文化还是日本文化都是处于西方文化的边缘地带。

第8章　中日文化创造传统倾向之比较

中华文化从古代到近代以前的漫长历史进程中，作为东亚文化乃至世界文化的中心文化，以自力更生、兼容并蓄的姿态取得了发展和壮大，并对周边国家文化的发生、发展产生了巨大的影响。正是在这样的影响下，日本文化在多方面吸收中华文化的基础上得以展开和发展。但是，近代以来，中国在本国传统文化和西方文化的融合方面走了很多的弯路，客观上来说中国近代以来的文化更新并不成功，而日本在受容欧美文化的历史进程中，将外来文化与本国文化相融合，创造出了新的日本式文化，实现了日本文化的近代化。例如，大日本帝国宪法的制定就充分借鉴了普鲁士和威尔士两个王国的宪法，而大日本帝国宪法的制定又为近代日本天皇制[①]的确立提供了法律保障。近代以来中日文化更新的差异是与两国不同的文化创造传统倾向有着必然联系的，因此，本章在前文对比考察近代以前中日文化创造力的不同表现的基础上，分析两国文化创造在创造倾向上的差异，进而探讨两国文化创造倾向与近代以来文化更新的逻辑关系。

8.1 创造性倾向强的中华文化

中华文化是以春秋战国时期的诸子百家学说为基础不断进化发展而来的中国特有的文化，其特征是以诸子百家的思想尤其是儒家思想和中华思想为主干。众所周知，在古代到近代以前的漫长历史进程中，中华文明作为世界上最古老的文明之一，有着丰富的创造性。而中国古代哲学思想充分地体现了中华文化的创造性，所以，本节从哲学的角度探讨中华文化的创造性倾向。

8.1.1 中华文化的创造性

1."创造"的说文解字

要证明中华文化的创造性，首先应该从语源上探明"创造"一词的意思。

[①] 美和信夫：《天皇研究》，広池学園（1981），第11页。

《辞海》中将创造解释为对前所未有的事物的始创。而创造一词是由"创"和"造"两个字互文生意、相互补充，逐渐成为一个固定的词语。"创"字可以读为 chuang（平声），与刃同意，包含创伤、伤害、伐采、疮的意思；"创"也可以读为 chuang（去声），包含始造、创作、惩戒的意思。

因此，根据说文解字，"创"的意思大致可以分为创伤和始造这两种。其中，创造学的研究者一般关注的是始造这个意思。中国创造学代表学者刘仲林教授对中国古典著作中"创"的使用状况进行了考察，从考察的结果可以看到，"创"字在《论语》和《孟子》中各只出现了一次，《老子》特别是在《易传》的生生哲学中也不曾出现①。但是，正如《道德经》的开头中所说"道可道，非常道"②，中华文化本身就有着重视领悟的特征，因而只是简单地通过字面意思是无法探究中华文化所蕴含的创造性思想的，应该在领悟传统典籍深意的基础上挖掘创造相关的价值观。

2."生生"思想中的创造性

从哲学的角度来看，中国传统文化的主流是儒家文化，儒家文化发端于春秋与战国，形成于秦汉时期，之后逐渐发展壮大。而从创造学的角度来看，中国传统文化尤其是儒家文化中是存在着与创造相关的哲学思想的。

中国最早的诗集《诗经》有云："文王在上，于昭于天。周虽旧邦，其命维新。"③其意思是说因为文王的英灵保佑，万事为新。可以说，这是创造意识在古代中国最早的描述。《周易》有云："一阴一阳之谓道。富有之谓大业。日新之谓盛德。生生之谓易。"④这里所说的"道"来源于一阴一阳的相互转换，而一阴一阳的相互转换又是改造自然的过程。也就是说，改造自然的过程就是一个创造的过程。此外，老子的《道德经》中谈到"道生一、一生二、二生三、三生万物"⑤，老子关于"道"的说明可以理解为对创造的可能性的论述。

所以，《周易》的"生生"思想应该是中华文化中创造思想的根源。《周易》的基本理念认为，阴阳并不是创造了万物，而是天地的根本属性。即，天地根

---

① 刘仲林：《中国创造学概论》，天津人民出版社（2001），第 21 页。
② 王弼注，楼宇烈校释：《老子道德经注校释》，中华书局（2008），第 1 页。
③ 程俊英：《诗经译注》，上海古籍出版社（1985），第 487 页。
④ 南怀瑾：《南怀瑾选集》典藏版第 4 卷，复旦大学出版社（2012），第 304 页。
⑤ 王弼注，楼宇烈校释：《老子道德经注校释》，中华书局（2008），第 117 页。

据阴阳的变换创造了万物，因此天地才是万物的本源①。

古代的先哲们认为天地将"德"赐予万物，因而《周易》有云"天地之大德曰生"②。这里的"生"不只是天地自身的生命运动，也是天地的根本德行。而且，天地的"生"不是一下子就完成的，而是在不断发展，并永不停歇地创造着新事物。换言之，便是"生生"的过程。根据这种宇宙观，天地的生生不是单纯的机械性的系统，而是一个充满活力的创造世界的过程。从这个意义上来说，万物被天地赋予了生命，并体现着天地的精神。

《周易》所描述的"生生"思想可以说是中华文化宇宙观的雏形。在"生生"思想中，天地不只是万物的本源，同时也是生命和道德的本质。而"生生"思想作为中国哲学的重要部分，描述的正是天地的创造和进化。但是，"生生"思想虽然揭示了宇宙的运行，却没有将作为运行主体的天地和人联系起来，从创造学来理解的话，"生生"思想只是描述了天地或者说大自然的创造，还没有涉及人的创造。因此，将"生生"思想所描述的宇宙观与人类价值观进行联系的媒介就成为必须要解决的问题。《孟子》和《中庸》中所描述的"诚"正可以发挥这一媒介作用，在继承《孟子》中"诚"的精神的基础上，《中庸》进一步将"诚"形而上，提出了"成己"和"成物"的创造价值观。

3."成己"和"成物"的创造价值观

"诚"是信用、诚实的意思，是儒家道德观的中心思想。最早将"诚"与天地的生生联系起来的是孟子。《孟子》有云："诚者，天之道也。思诚者，人之道也。"③孟子对"诚"的论述是将"诚"升格为天地之道的一部分。《中庸》一方面继承《周易》的天地观念，一方面发展了孟子的"诚"的思想。《中庸》对"诚"的发展体现在，首先将天地的生生抽象化为"诚"，进一步将"诚"形而上学化；接着对"诚"的特征进行说明，并论述了"诚"与人之间的关系，进而从"诚"的角度提出对人的要求。这样一来，"诚"便阐明了天地和人的关联性，将二者有机联系起来。

如《中庸》有云："故至诚无息，不息则久，久则征，征则悠远，悠远则博

---

① 张岱年：《张岱年全集》第7卷，河北人民出版社（1996），第475页。
② 南怀瑾：《南怀瑾选集》典藏版第4卷，复旦大学出版社（2012），第494页。
③ 侯拱辰：《中华道统文化注释》，山东大学（2005），第840页。

厚,博厚则高明。……不见而章,不动而变,无为而成。"①其包含的深意是说,万物的发生和灭亡都是被到达"诚"这一境界的圣人所拥有的高明、博厚、悠久等特质所诱导的,如果不是这样的话,万物的发生便无从谈起。可见,"诚"在中国哲学中是与天地之道有着相同的地位,也是"诚"被形而上的表征之一。进一步思考的话,人如果达到"诚"的境界的话,便可以参与到天地的育化当中。《中庸》的尽性②思想便是对人如何达到"诚"这一境界的描述。根据"尽性"的思想,只有达到"诚"的人才可以充分地发挥自身、他人、物的性,从而参与到天地的育化当中。

《中庸》提出了人要达到"诚"所应该具备的"成己"和"成物"③的创造价值观。"成己"和"成物"的创造价值观是指:一方面,人要心通宇宙,体悟天地的勃勃生机,把心灵和宇宙大生命的川流相融合,获得"天人合一"的境界,正所谓"成己";另一方面,人要效法天地生物之德,刚健有为,自强不息,努力创造,正所谓"成物"。"己"是人的内在,而"物"是人的外在,人将内在和外在相融合,才能够到达至诚的境界。同时,《中庸》中所描述的"成己"和"成物"也是中华文化对人文创造和自然创造进行区分论述的开始。"成己"需要依靠道德方面的修养,而"成物"依赖于知识的习得,两者之间并不是绝对对立的关系,而是融合在人类的文化创造当中。

综上所述,《周易》中的生生思想是中华文化创造思想的源泉。《孟子》《中庸》等典籍通过"诚"这一媒介,阐明了人和天地的关联性、天之道和人之道的关联性,并提出了"成己"和"成物"的创造价值观。正如刘仲林所说,中国传统的创造价值观是以"生生"为依据,追求"成己"和"成物"的价值观体系④。中华文化中创造价值观的提出是中国传统文化创造性倾向的一个论据,这个论据来源于人文文化的范畴,而在科学文化中的论据应该比人文文化的论据更加明显。如,殷商之前火的使用,周朝文字和青铜器的出现,秦汉时期文字、货币、度量衡的初次统一,以及中医和《千金方》等,可以举出很多的例子,此处就不再一一赘述。可以说这些都证明了,中国传统文化在文化创造方面很早

---

① 郑玄注,孔颖达疏:《礼记正义》,北京大学出版社(2000),第1694页。
② 郑玄注,孔颖达疏:《礼记正义》,北京大学出版社(2000),第1691页。
③ 郑玄注,孔颖达疏:《礼记正义》,北京大学出版社(2000),第1694页。
④ 刘仲林:《中国创造学概论》,天津人民出版社(2001),第21页。

就具备了很强的创造性倾向。

中华文化的轴心大约在先秦的春秋（前770—前476）、战国（前475—前221）时期就已经形成。中华文化中的天地观、天人观、"成己"和"成物"的创造价值观等哲学思想被认为是自然创造、人类创造、人文文化创造和自然文化创造的理论根源。中华民族正是依靠这些与创造相关的哲学思想创造出了光辉灿烂的中华文明。因此，可以说中华文化在文化创造方面呈现出的是强大的创造性倾向。

8.1.2 中华文化的传统内发性

1. 理解传统内发性

戴建方在其博士论文《清末の近代文化の再構築問題（1875—1898）：文化変容に関する理論的考察》中提出了传统内发性[①]文化受容的构想。从理论上来说，传统内发性以20世纪70年代日本学者鹤见和子提出的内发性发展论为理论基础，关注的是传统文化的内发性发展。鹤见和子通过对明治时代思想家南方熊楠和柳田国男的研究认为，日本近代化之路不能只是单纯模仿欧美，而应该从日本的传统文化中发掘近代化因子，从而走上一条符合日本国情的近代化之路。这种理论所提倡的非欧美式近代化发展道路引起了关注。戴建方从内发性出发，通过对清末文化更新等问题的考察，探讨了三种文化更新的路径。作为结论，戴建方提倡对传统再解释进而再建构的传统内发性文化创造路径。

一般来说，继承传统、吸收新文化，并不断突破传统是任何一个文化谋求发展的内部动机。换言之，一定的文化传统是在一定的社会条件和知识背景下形成的，社会条件和知识背景如果发生变化，文化传统也会被注入新内容和新知识，从而被再解释，最终引起文化的更新，这种更新涉及文化的形式和内容

[①] 戴建方：《清末の近代文化の再構築問題（1875—1898）：文化変容に関する理論的考察》，神戸大學博士論文（2007），第20页。传统内发性（internal orientation with tradition）一词来源于戴建方借鉴日本学者鹤见和子（1977）探讨日本固有的社会变动论时所使用的内发性。鹤见和子的社会变动论认为，一般将非欧美的近代化进程解释为西欧影响——反作用的模式，而为了打破这种既定的研究模式，必须突破近代化研究的现有思维，对西方以外的近代性进行再解释、并提供一种不同的历史表象。70年代后期兴起的对非欧美价值再发现的潮流中，对重视传统性的中国进行的研究方法成为非欧美近代化研究中富有价值的基础研究。戴建方从以上的研究动态得到启示，构造了三种文化更新的模式，并以此来开展近代化以来文化更新的相关研究。戴建方认为，内发性对应的是外发性，因此在研究开始阶段只是设定了这两种基本类型，而后根据是否与传统性相关构建出了传统内发性（internal orientation with tradition）、传统外发性（external orientation with tradition）、非传统外发性（external orientation with non-tradition）的文化更新模式。

两方面的变化。因此，戴建方所提出的传统内发性是通过受容外来文化对传统进行再解释和再构建的一种文化更新路径。而本书则利用传统内发性的概念，探明古代到近代以前的漫长历史进程中，中国文化创造力生成的内部动机和力量源泉。

2. 中华文化的传统内发性

中华文化的发展是一个不断根据时代的要求向传统中注入新精神和新知识，丰富传统、更新传统的过程。先秦的诸子百家—两汉的经学文化—隋唐的儒释道并存—宋明理学—清代的朴学这一发展过程正是不断对传统再解释再建构的内发性发展过程。这样的传统内发性保障了中华文化的生命力，也赋予了中国文化强大的文化创造力。而中华文化的传统内发性所带来的强大文化创造力主要体现为独创性和同化力。

梁漱溟（1893—1988）在《中国文化要义》中对中华文化的独创性和同化力进行了相关论述。对于中华文化的独创性，他说"中国文化独自创发，慢慢形成，非从他受"[1]，而对中华文化的同化力则说"从中国以往的历史征之，其文化同化他人之力最为伟大，对于外来文化，亦能包容吸收"[2]。梁漱溟先生所论及的独创性可以理解为中华文化拥有着和日本及欧美诸国文化截然不同的特性。其中最明显的就是，与欧美重视宗教和法律不同，中国更加注重的是道德和礼仪。关于同化力，作为中华民族主干的汉民族从古代开始就同化着周边民族，而隋唐时期儒家和佛教的融合是其中最显著的例子。

从文化地理学来看，中华文化所具有的这种特性与其文化中心地位密切相关。中华文化是东亚文化圈的文化中心，自然中华文化是东亚文化圈的中心文化，而从传播学的角度来看它也是一种辐射文化[3]。作为中心文化的中华文化，从古代到近代之前一直拥有创造符合本民族发展的文化的强烈自信。儒家思想的内发性发展可以说是这种文化创造自信的一种体现。而且，在与异质文化进行接触时，中华文化往往是将异质文化同质化为本国文化的一部分加以吸收，从而使本国文化更加丰富。

---

[1] 梁漱溟：《中国文化要义》，上海人民出版社（2011），第8页。
[2] 梁漱溟：《中国文化要义》，上海人民出版社（2011），第9页。
[3] 盛邦和：《内核与外缘》修订版，华东师范大学出版社（2010），第182页。

8.2 受容性倾向强的日本文化

8.2.1 日本文化的受容性

日本的国语辞典《大辞泉》将受容解释为拿入的意思。受容的派生词有很多，如外国文化的受容、富有受容性、受容器、异文化受容，等等。从字面上来看，很多人会认为创造和受容之间没有什么关联性，但是，在创造学的视野下，创造是选择既知的要素进行组合的过程。这里所说的既知要素既包括本土文化也包括外来的异质文化。而从文化创造倾向进行考察的话，可以看到日本的文化创造有着很强的受容性倾向。

很多的学者对日本文化的受容性、受容态度和习惯进行了论述。其中，加藤周一在《日本文化的杂种性》中，以很多的实例对日本文化的受容性从根源上进行了论证，指出，日本文化对外来文化的受容不是简单的模仿，而是进行了大幅度的"修正"，以此达到创造符合本国发展的文化。丸山真男则认为"日本任何成体系的思想和教养在内容上来说都会有外来文化的痕迹"，日本人总是"东张西望向外来世界寻求新的东西"[①]。这些论述都可以说明日本文化从古便有受容其他文化的习惯。而且日本对他文化的受容不是吞并性的，而会进行大幅度的"修正"。这正是日本对他文化的一种受容方法。

日本儒学的发展离不开对中国儒家思想的受容，日本按照其本国文化的需求对中国的儒家思想进行吸收，并将之与固有思想相融合，从而创造出了日本式的儒家思想。日本式的儒家思想最显著的特征是与神道思想相结合，淡化"仁"的思想，强调无条件的"忠"。

"仁"在中国的儒家思想中是超越一切的"德"，有着极其重要的地位，在政治方面提倡"有德者王"[②]的思想。有德者王是说，登上王座的人必须具备高尚的德行，而成为王的人必须要统合政治和道德，以德为政。而对于执政者来说，最重要的道德是"仁"。因此，当君主愚昧无能、不能实施仁政时，便会造成对天意的违背，不但会遭受到上天的惩罚，也会被臣民所打倒。这就是从"仁

---

① 丸山真男:《日本文化のかくれた形》，岩波文库(2004)，第138～139页。日语原文:"日本の多少とも体系的な思想や教養は内容的に言うと古来から外来思想である"，また"きょろきょろして新しいものを外なる世界に求めた"。
② 王弼注，楼宇烈校释:《老子道德经注校释》，中华书局(2008)，第93～106页。"有德者王"是指《道德经》第三十八章和第三十九章所论述的有德的人可以成为王的意思。

政"思想延展而来的"放伐""革命"的思想。所以说，在中国的儒家思想中臣民对君主的"忠"并不是绝对的忠诚，而是以君主的"仁"为前提条件。

　　日本受容中国儒家思想的最初阶段，在接受"仁"和"有德者王"的同时，也接受了"放伐""革命"的思想。当时日本的儒学所提倡的忠也不是绝对的尽忠于君主。7世纪初，圣德太子根据儒家思想制定的《十七条宪法》的第六条写道："臣民向君主尽忠，君主对臣民施以仁政。"① 平安时代的公卿、汉学家三善清行所著的《意见十二个条》中也写道："君主施仁政的话，臣民便会对君主尽忠。"② 可以看到，至少奈良、平安时代，日本人的政治伦理主要是围绕着"仁"这一理念展开。江户时代的日本朱子学者林罗山③也支持"放伐"的思想，认为，"武王伐纣不是为了占有天下，而是为了解救黎民百姓"④。

　　但是，17世纪以后，日本儒学渐渐地淡化了"仁"和"有德者王"的思想，开始出现绝对效忠天皇的思想。山崎暗斋⑤最先反对孟子的"放伐"思想，批判殷汤讨伐夏王桀、周武讨伐殷纣王的易姓革命论。同时，宣扬日本的天皇寿与天齐，提倡对天皇的绝对尽忠⑥。山鹿素行⑦批判对外国（主要是中国）的崇拜，以皇统一致为基础，主张只有日本才是超越万国，与中国相当的国家的日本主义。日本主义认为，侵犯天皇是不仁不义的罪恶行为，因此必须保证日本皇统一致的卓越性。这些学者所提倡的君臣关系也不再是中国儒学中带有附加条件的忠，而是臣民对天皇的绝对效忠⑧。

　　日本的儒学从最初的"有德者王"到淡化"仁"、强调无条件的"忠"的演变过程正是日本受容外来文化时，根据实用性和有用性原则进行变容的例子之一。所说的有用性和实用性原则是指排斥给自身带来消极影响的文化，而只吸收那些对自身有益处的文化。在儒家思想的受容中，淡化掉中国儒家思想中核

---

① 严绍璗，源了圆：《中日文化交流史大系3（思想卷）》，浙江人民出版社（1996），第32页。
② 山岸德平：《日本思想大系：古代政治社会思想》，岩波书店（1979），第286頁。
③ 林罗山（1583—1657），江户时代初期的朱子学儒家，号罗山、讳信胜。严绍璗，源了圆：《中日文化交流史大系3（思想卷）》，浙江人民出版社（1996），第182页。
④ 石田一良：《体系日本史文库23 思想史2》，山川出版社（1980），第92页。
⑤ 山崎暗斋（1618—1682），江户初期有名的朱子学家，日本近世神道的集大成者，垂加神道的创始者。代岁创：《山崎暗斋的政治思想研究》，湖南大学硕士论文（2006），第1页。
⑥ 近藤启吾：《續々山崎闇齋の研究》，神道史学会（1995），第35页。
⑦ 山鹿素行（1622—1685），江户时代初期的日本儒家、军事学家，山鹿流兵法及古学派的鼻祖。于欢：《山鹿素行思想研究》，延边大学硕士论文（2014），第1页。
⑧ 広潮豊：《山鹿素行全集思想卷13》，岩波书店（1940），第226頁。

心的仁的思想，便是日本文化排斥对自身不利文化的体现之一。

与神道的融合是日本儒学的又一特征。江户时代，日本儒学最终和佛教分离，受到了幕府的扶助而成为官学。神道受到儒学自主发展的刺激，想要从佛教中分离出来，谋取自主的发展。但当时神道的思想根基还很薄弱，必须依靠儒学的影响力，因而不得不和儒学相融合。儒学和神道的结合始于藤原惺窝[①]的神儒一致观：神道和儒学都是为了达到人心的修行和万民的幸福从而将寄情于万物作为终极目标。神儒一致观可以理解为，儒学和神道只是名称不一样，其核心是一致的[②]。继藤原惺窝之后，林罗山继承了藤原惺窝的思想，全面地发展了日本的朱子学。他认为神道＝王道＝儒道[③]，为将儒学确立为统治阶级的正统思想做出了巨大的贡献。

总而言之，江户时代儒家和神道的融合主要有两种途径：第一种途径，主要是以朱子学"理"的思想为基础，为日本固有的神道构建新的理论基础，通过中国儒学的合理主义改造日本神道的神秘主义；第二种途径，放弃儒家的理性主义，强调和保存神道的神秘主义。如垂加神道便是其中的一个例子。但是，不管是哪种路径，日本儒学都展现出不同于中国儒学的特征，究其原因，是因为在吸收外来文化的过程中，日本有着保存固有思想和文化，将外来文化与固有文化相融合的习惯。

从加藤周一等学者的论述和日本儒家思想的发展都能够看到日本文化创造所具有的强大受容性倾向。而这种受容性倾向来源于何处，为什么日本会有这样的受容态度和习惯等问题的解读都与作为日本文化重要构成要素的边境意识紧密相关。

8.2.2 日本文化的边境意识

盛邦和曾经说过，日本人的思想中存在着边境意识[④]。内田树在《日本の辺境論》中从日本的历史、日常生活、哲学、语言等特点出发论述了边境意识。内田树所论述的边境意识认为：日本人是具有边境意识的边境人，其"学习"

[①] 藤原惺窝（1561—1615），战国时代到江户时代前期的儒学者，并没有用家姓冷泉，而用的中国式的本姓藤原。严绍璗、源了圆：《中日文化交流史大系 3（思想卷）》，浙江人民出版社（1996），第 178 页。
[②] 严绍璗、源了圆：《中日文化交流史大系 3（思想卷）》，浙江人民出版社（1996），第 182 页。
[③] 严绍璗、源了圆：《中日文化交流史大系 3（思想卷）》，浙江人民出版社（1996），第 188 页。
[④] 盛邦和：《内核与外缘》修订版，华东师范大学出版社（2010），第 11 页。

的效率很高，从骨子里具有开放性①。所以边境意识可以概括为，日本人对本国的文化没有自信，对外来文化具有强烈的好奇心、超强的模仿动力和充沛的融合精力。

边境是对照于一定中心的相对性概念。简而言之，日本与欧亚大陆相分离，位于东亚的边境地带，在相当长的历史时期中，日本文化位于东亚文化圈或者说是中华文化的边境。从文化地理学来看，边境意识是与其所处的边境自然性紧密相关的。而关于日本文化的自然性，江上波夫和上山春平有过以下的论述：

江上波夫在《日本文化の構造》一书中认为，日本在国际场合中总是会表现出与采集文化相关联的骑马民族性格②。而上山春平则说道："原本日本文化当中就存在着与文明性原理完全不同的自然性原理，正因为如此日本文化对任何文明都会有着等距离的关心。而且，在吸收某种文明时，日本文化有着向自然性回归的白纸还原能力，所以当对另外一种文明进行吸收时依然保持着非常积极的心态。从这个意义上来说，我认为自然性＝狩猎采集性是日本文化的一个核心。"③简而言之，两位学者都认为日本文化中的自然性来源于狩猎采集性。

与日本的自然环境紧密结合的狩猎采集性是以牧民为中心的骑马民族的特性。众所周知，日本文化虽然是受到农耕民族和骑马民族两方面特性影响而形成的，但是日本进入农耕社会比作为农耕文化代表的中国要晚很多，所以可以认为日本文化的基础和根源应该是狩猎采集性。从古代到近代的漫长历史进程中，东亚文化或者中华文化的性格主要来源于农耕民族的性格。所以就文化的性格来说，狩猎采集性也是位于中华文化特性的"边缘"。

基于日本文化的狩猎采集性倾向，边境意识可以进行以下的理解：

第一，对外来文化特别是高度文明有着朴素的受容热情，这与日本文化对任何的文化都怀有等距离关怀有着直接关联。也就是说，日本文化从骨子里就

---

① 內田樹：《日本の辺境論》，新潮社（2009），第7～8頁。
② 梅棹忠夫、多田道太郎：《日本文化の構造》，講談社（1972），第31～32頁。
③ 梅棹忠夫、多田道太郎：《日本文化の構造》，講談社（1972），第34～35頁。日语原文如下：もともと日本文化のなかには、文明性の原理とはまったく違った自然性の原理があって、そのためにあらゆる種類の文明に対して等距離に関心をもつ。しかもある文明を取り入れたら、それをまた自然性の極にまでいっぺん引き戻してしまうという白紙還原能力があって、次の文明を取り入れるとき非常にフレッシュな気持で立ち向うことができる。そういう意味で、私は、自然性＝狩猟採集性を日本文化の一つの核に考えたらどうかいう感じをもつのです。

有着开放性。众所周知，近代以前日本从很多方面受容中华文化，明治维新以后又大量地吸收西方文化便可以说明这一点。

第二，超强的模仿和吸收能力。这一点来源于采集性的实用性和有用性。前文所述的日本对中国儒家思想的受容便是其中十分明显的例子。

第三，对外来文化的吸收往往需要狩猎采集性进行过滤。受容高度文明并通过狩猎采集性进行过滤和净化，从而更加有效地将外来的高度文化与日本的传统文化相融合，进行二次创造可以说是日本独特的文化创造方式。如日本从欧美引入君主立宪制，通过来源于狩猎采集性的神道的再解释和再构建，创造出了战前的近代天皇制。

第四，重视固有的传统文化或者经典文化。例如文学方面，诗歌比赛中的本意思想、仿意歌、古诗歌引用等创作方法就是重视传统文化和经典文化的一种拟古主义[①]。这也与狩猎采集性密切相关。

综上所述，日本对外来先进文化十分敏感，会选取适合于本国传统的文化进行受容，并具备优秀的再创造能力。此外，日本一旦接受先进的外来文化会尽量地与本国传统文化相融合，并对融合的成果进行传承和保护。因此，日本文化在文化创造方面所表现出来的受容性倾向是与作为日本人边境意识核心的狩猎采集性密切相关的。有着强烈的受容倾向的日本文化进入近代以来，吸收西方文化，并将西方文化与本国的传统文化相融合，快速地实现了日本式的近代化发展，可以说已经取得了和欧美同等的地位。例如，日本的企业从财务、生产、销售等多方面引入欧美的管理体系，并将之与以"忠"为核心的日本儒家思想相融合，从而创造了富有日本独特魅力的现代化企业管理制度。

8.3 中心文化的移动及中日近代文化更新

8.3.1 文化的迁移

文化是具有流动性的，也就是说，传播是文化的属性之一。大体上来说，传播能力强的文化往往在文化创造方面体现出来的是创造性倾向，而创造性倾向强的文化容易被其他文化所接受。因此，一般来说中心文化比边缘文化的传播力或者说辐射力要强。而在一个区域内中心文化发生变化，则这个区域内文

---

① 李珍镐：《謠曲の弾歌表現を考え直す》，《中世文学の諸問題》，新典社研究叢書（2000），第198頁。

化传播的状态也会发生变化。

文化地理学中世界的文化被分为农耕文化、游牧文化、工商文化。而从宗教性上进行划分的话，又可以划分为儒家文化、佛教文化、伊斯兰教文化和基督教文化。黑格尔曾经在《精神现象学》一书中从文化地理学的角度论述了"世界精神"①这一概念，即，世界历史是依靠以人类自身意识为根源的文化的移动而形成的。深受黑格尔影响的日本史学家内藤湖南很早就开始构想"文化中心移动说"，并反复在《近世文学史论》等著作中进行论述。内藤认为，历史是文化进化的进程，文化的进化是由"时"与"势"的相互关系所决定的，正是通过"时"与"势"的相互作用，人类文明才可以走向其憧憬的地方，即"文化中心"。

8.3.2 东亚文化圈的中心文化迁移

众所周知，在东亚文化圈，从古代到近代以前的漫长历史中，中国文化在很多方面都展现出中心文化的特点。但近代以来，中国文化却渐渐地远离了东亚文化圈的中心。这也就意味着东亚文化圈的文化中心发生了变迁，关于这一点中日两国的学者进行了以下的论述。

首先，日本学者内藤湖南在第二次世界大战之前就预言："东洋文化的发展，形成了一个超越民族和国界的'东亚文化圈'。今后中国文化的中心将向日本移动，日本将实现中国文化的复兴。"②这一预言可以说是发端于内藤湖南的"文化中心移动说"。如上所述，"时"与"势"发生变化，文化中心也会发生迁移。这种理论虽然在战后被认为是美化军国主义、为日本向外侵略寻找借口，但是，内藤对文化中心移动可能性的认识也是值得关注的。此外，福泽谕吉也说道："日本的国土虽然处于亚细亚的东沿，但其国民的精神已经摆脱了亚细亚的固陋进入了西方文明。"③福泽的"脱亚论"从其本质上说，也是在认为近代以来东亚文化圈西方文化占有中心地位的基础上，提出的日本应该尽快地

---

① 德国黑格尔用语。他认为世界历史是世界精神在时间中合理地、必然地体现其自身的过程，自由是精神的本质，因此，世界精神自中体现的过程也就是自由意识发展进步的过程。黑格尔著，先刚译：《精神现象学》，人民出版社（2015），第85～86页。
② 内藤湖南：《近世文学史論》附録，創元社（1941），第13～24页。日语原文：東洋の文化の発展においては、時にその民族や国境を越え、ひとつの"東洋文化圈"を形成する。今後、中国文化の中心は日本に移り、日本が中国文化の復興を実現するだろう。これこそ近代日本国家の使命である。
③ 福澤諭吉：《脫亞論》，《時事新報》1885年3月16日。日语原文：日本の國土は亞細亞の東邊に在りと雖ども、其國民の精神は既に亞細亞の固陋を脱して西洋の文明に移りたり。

取得与西方对等的地位的奋斗目标。

中国方面，盛邦和在《内核和外缘》中论述了文化的"内核-外缘"二重结构，进而认为东亚文化圈在古代到近代的漫长时期中，中国文化是"内核"，日本文化是"外缘"。但是，近代以来，中日两国的"内核"和"外缘"地位正在发生着互换，并走上了不同的发展道路。在《内核和外缘》修订版中，盛邦和认为："鸦片战争之后相当长的时间里，日本取代了中国的核心地位，成为新的东亚圈文化中心。从世界范围来看，中国由曾经的'土地世界'的旧内核，变为当代'市场世界'的新外缘。"[①] 盛邦和的这种改变正是来源于其根据新的"时"与"势"而对自己思考的修正。虽然字面上没有提及，但是可以理解他所预测的东亚文化圈以及世界文化的中心将是西方文化。

近代以来，中华文化已经远离东亚文化圈的中心地位，而随着世界经济政治国际化的不断加深，国家与国家之间的联系日益紧密，加拿大跨文化传播学者马歇尔·麦克卢汉所设想的"地球村"[②] 在不断地形成，而世界的文化则以欧美文化为中心，西方文化在地球范围内不断扩展，在边缘地带冲击着边缘文化的价值观和优势地位。

综上所述，近代以前，中华文化占据着东亚文化圈的中心地位；但近代以来中华文化的中心地位受到来自西方文化的强烈冲击，而在一段时期内变为弱势文化，并将中心地位让给了西方文化。这样一来，东亚文化圈的文化中心发生了迁移。而在中国历史上，受到西方文化强势冲击开端于鸦片战争，而日本则是发端于黑船事件。

8.3.3 中日两国的文化更新

从文化学的角度来说，社会危机的不断深化必然引起文化的更新。一般来说，危机分为两种类型，一种是自身文化发展的内在因素对文化更新的要求，另一种是外来文化冲击所诱发的对自身文化的怀疑和批判。前者来源于文化更新的内部动机，后者则来源于文化更新的外部刺激。率先进入新文明时代的民族其文化更新属于第一种类型，而被迫进入新文化时代的民族的文化更新则更多地来源于外部刺激。

---

① 盛邦和：《内核与外缘》修订版，华东师范大学出版社（2010），第9页。
② 马歇尔·麦克卢汉著，何道宽译：《理解媒介：论人的延伸》，译林出版社（2011），第80页。

第8章 中日文化创造传统倾向之比较

近代以来，中日两国的文化更新都受到外部西方文化的强烈刺激。1840年的鸦片战争、1853年的黑船事件分别是中日两国近代文化更新开始的时点。但是因为两国文化的文化创造倾向不同，所呈现出的文化创造力的发展状况也有所不同，因而对西方文化的认识和反应也表现出了巨大的差异。

近代以前，日本有200多年（1633—1857）闭关锁国的历史，正是由于长期处于边境地带的日本文化具有强烈的受容倾向，所以才可以较好吸收外来的科学技术、哲学思想、政治制度，并将这些外来文化和固有文化融合。例如，接受兰学的影响，从儒学分化而来的本多利明[①]等学者已经开始抱有即使向天下施以善政，不能使人民富裕也是枉然的想法，从而提倡对儒家重农轻商思想的重新审视，呼吁早日打开国门，展开像荷兰一样的改革。哲学思想发展的这种变化，为日本的文化更新提供了思想基础，同时也为日本文化更新的展开在心理上进行了铺垫[②]。

近代前期，中国在文化更新方面却没有做好充分的心理准备。其原因是多方面的，比如，西方文化所宣扬的民主、平等、自由等思想威胁到了封建统治的合法性，所以被当时中国的统治者所排斥。而且当时的清政府沉浸在天朝大国的妄想中，对西方文化更多的是怀疑和轻视。正如费正清所说，近代以前中国文明的成功正是中国文化衰退的原因。这样的成功使中国的统治者在面临外来文化的强力冲击所带来的灾害时束手无策[③]。近代化以前的中国拒绝对异质文化进行深入的了解，更不用说去接受异质文化，这样便错失了接受人类文明最新成就的机会。面对西方文明的挑战时，更是毫无任何心理准备。这一时期，中国还是沉溺于中华文化是东亚文化中心的盲目自信之中。

另一方面，日本长期处于边境地带，具有强烈的受容性倾向文化创造倾向，具备依赖于其独特自然性的过滤和再创造功能，有选择地对外来文化进行吸收和二次创造。但是中华文化受到西方文化的强力冲击，失去了文化的中心地位，变为边缘文化，却没有习惯于文化的受容。

从哲学上来看，文化创造是创造文化价值的人类活动。狭义的文化创造是

[①] 本多利明（1743—1821），江户时代的数学家、经济思想家。吴廷璆：《日本史》，南开大学出版社（1994），第298页。
[②] 吴廷璆：《日本史》，南开大学出版社（1994），第298页。
[③] 费正清：《剑桥中国晚清史》上卷，中国社会科学出版社（1983），第9页。

发明新的文化价值的人类活动,也可以被称为文化发明。而广义的文化创造还包括文化的受容。文化受容指对他文化的模仿和基于这种模仿的自身文化的再创造。因此,从文化创造的观点出发对一个民族和国家的文化进行深层考察的话,可以判断一种文化是有创造性倾向还是具有更多的受容性倾向。

通过对中日两国近代之前文化创造倾向的考察,可以认为,近代以前,中华文化作为东亚文化圈的中心创造了灿烂辉煌的文化成果,所以中华文化是具有强大的创造性倾向的;而处于东亚文化圈边缘位置的日本的文化创造一直展现出受容的创造倾向,近代之前从中华文化中吸收了哲学、汉字、生产技术等多方面的文化创造成果,近代以来,积极受容西方文化,并再创造出近代日本文化。也正是由于中日在文化创造中传统倾向的不同导致近代以来两国文化更新的差异,所以本书认为,中国应该参考日本的文化受容,将中国传统文化与西方文化相融合,创造符合中国发展的新文化。

第9章 文化受容下的日本近代化

如前文所示,中日的近代化进程都是在西方文明的强势冲击下得以展开,而造成中日近代以来发展巨大差异的根本原因就在于两国有着不同的文化创造的传统倾向。在完全依靠自身的传统内发性不能够实现文化创造划时代突破的背景下,如何受容外来先进文化促进自身文化创造的发展显得尤为重要,近代以来面对西方文化的冲击,端正文化创造的态度,审视自身文化的优势和不足,加强文化融合是中日两国面临的共同问题,而正是基于两国文化创造倾向的不同,中日两国的近代化展现出不同的态势。

9.1 所谓日本的近代化

学界一般认为,日本的近代开端于明治维新,这样一来明治维新之后日本人的生活、思想等方面与维新之前相比有什么样不同变成日本学者所关注的重要问题之一。不言而喻,这种变化是受到西方文化的影响的,而受容西方文化所形成的日本近代文化又与西方文化有着怎么样的不同则是学界所关注的第二个重要问题。虽然也会有人对通过这两个问题剖析日本近代的特点有所疑问,但是任何人都不会对日本的近代化是世界近代化进程中不可或缺的一部分产生怀疑。而世界的近代化则可以追溯到蒸汽机车实用化所带来的18世纪英国的产业革命,如果从人性解放和人权意识的萌发开说的话,也可以说是起源于文艺复兴。

以欧洲为中心所兴起的社会组织和生活思想不断在全世界范围扩散,并使世界得以改变。就其原因来说,是因为西方拥有着强大的军事力量和经济力量,可以打破其所到之处的本土文化秩序,此外西方国家所展现的物质丰富、崇尚公正、国民幸福也深深地吸引了其他国家走上近代化之路。到19世纪末,西方文化的优势地位已经十分明确,除了欧洲和美国,世界上大部分地区都成为了西方文化的殖民地。比如一直到第二次世界大战开始,从日本到欧洲去的船只在途中所经停的港口都是英国殖民地。虽然这些殖民地都逐步取得了独立,政治上不再依附于西方，但并不意味着近代化的停止，对于这些国家来说，独立在殖民地时期便已经撒下了种子，它是完成殖民地国家被阉割的近代化所必需的条件。虽然存在着意识形态方面的差异，生活方面的近代化却在世界广泛的范围内得以展开，而在近代化发祥地的欧美国家却出现了对近代的各种原则支配下的社会生活行为以及价值观产生了质疑之声。但是自由、平等等近代观念仍然是西方国家社会生活的支柱。

通过生活方面物质资料的改善、机械技术的进步，使民众生活的质量提高构成了近代化的价值观基础。在这一点来说，欧洲的各个国家尽其所能地完成了工业化进程，而在之后的发展过程中已经很难取得划时代的飞跃，因此会产生对近代化的一些怀疑态度。

日本的近代化进程所展现的顺利与迅速令其他亚洲国家难以望其项背。明治以及大正时期的日本在当时的亚洲是唯一一个具备与欧美国家抗衡能力的国家，而且令人瞩目的兴盛也必然会刺激其他亚洲国家走上近代化之路。特别是日本在日俄战争中取得的胜利深深地触动了中国的革命运动以及印度的独立运动。

但是其在外部的成功并不能掩盖其内部的空虚，第二次世界大战之后这种内外矛盾被公然讨论。外表华丽的成功和内部的空洞之间的矛盾作为日俄战争之后的社会现象凸显出来，引起了很多人的注意，明治末期的文学作品中有很多的体现。也可以说，对日本近代进行最早的批判的是日本的文学家，他们的批判并不是来自于对近代化社会的研究，而是来源于他们对个性问题的深层次反思。他们在考虑对于人来说真正的幸福是什么，如何来解救生活的困苦，道德以及生存的价值是什么等问题的过程中，开始深层次剖析日本近代文明的特性。例如很多学者就认为明治维新前后是日本取得独立的关键时刻，其中福泽谕吉便对当时日本的时局感到绝望，曾经说道："此时此刻日本的独立十分艰难，有朝一日会受到外国人的凌辱。"这里的独立应该是更深层次的文化、价值观的独立，可以说福泽谕吉也认识到了日本的近代化是在受容西方文化的基础上得以发展，已经开始考虑社会生活方面的独立问题，即日本式近代文化的创建问题，正是这种朴素的文化自觉也积极引导日本在吸收西方文化的过程中进行符合自身国情的文化再创造。而福泽的忧虑也并不是杞人忧天，诚然当时的日本并未在形式上丧失独立，因为地理条件、国际政治势力的平均问题等，日本得以修改不平等的条件，避免成为殖民地的命运。而其中起到关键作用的是处于社会中间阶层的武士阶层所倡导的尊王思想所形成的国体观念，它富有很强的活力，也引起了国民意识的觉醒。

9.2 武士思想与近代化

9.2.1 近代之前的武士思想

近世初期到达日本的西方传教士对日本进行了考察并将其考察结果向其国政府进行汇报，也形成了西方国家的日本观以及日本人观，在《日本西教史》等著作中可以看到其端倪。具体来说，西方的日本观可以概况为，日本人重视名誉、对外在的鄙视轻蔑深恶痛绝，就其根本来说，被名誉所束缚，不管做什么事情都首先考虑的是取得名誉以及出色的成功；日本人对贪欲十分厌恶，假如一个人有贪念的时候，会被其他人认为卑劣、没有廉耻；日本人刚猛、忍耐力强，即使面对艰难险阻，也会奋勇前进。

通过基督教的传教士对16世纪日本社会道德的描述，西方人认为虽然日本人与西方人生活在不同的社会秩序之下，但日本拥有着与西方相同高度的社会道德，而且这种社会道德在日本社会生活中根深蒂固。当时社会的代表为武士阶层，而武士阶层的道德充分体现了当时日本社会的精神风貌。这种武士阶层的道德思想在之后的闭关锁国时代得以保存，而在日本近代化进程中一部分被作为封建道德思想推翻。

德川家光的锁国政策贯彻得十分彻底，所以在16世纪到17世纪初期，武士阶层所引以为豪的自主风气被逐渐消磨。武士曾经被称为"有骨气的流浪者"，而这一时期大名不再选拔和雇佣家臣，武士也不再自主选择大名而服务，"君不事二主""主仆三代"等强调以君主为中心的上下关系的武士道德在社会生活中占有着支配地位。江户时代开始将依附于各藩的武士称为藩士，其子弟一般都要接受藩学的教育。大隈重信曾在其所著《大隈伯昔日谭》中记述过其家乡的佐贺藩的藩学制度，认为严格的整齐划一的藩学教育扼杀了学生的自主性。德川时代后半期，无论哪个藩都设有藩学，对藩士的教学都是按照官学的规定进行的严苛的统一教育。

而另一方面支撑这种严苛的思想统治的社会结构使推翻封建制度成为可能。中世的武士的生活与土地紧密结合，生活与其他阶层尤其是封建统治者结合的程度很低，必然形成一直自力更生的风气。而到了德川时代，武士大部分与土地分离，聚集到城市，其生活完全依存于领主。而藩士子弟的教育并不一定能够完全地控制藩士生活的全部，藩士对领主的依存渐渐地变为领取薪俸的雇佣与被雇佣关系。

从教育制度来考虑的话，旧的教育制度不会随着撤藩而马上覆灭，日本的中小学教育从明治末年到第二次世界大战之前一直被禁锢在统一的思想统治之下，作为最高学府的东京大学往往成为官员尤其是法务部官员的培训机构，国家考试中学生证明自己所学到的官学知识，成为官员，进而保证自己一生的生活。而与旧的藩学体制相比较，新的教育制度并不是强制所有学生学习官学，而且接受教育也没有了身份的限制。新的教育制度作为更加切实的出世的途径，成为很多青年才俊成为官员的捷径。

9.2.2 武士思想与西方文化受容

因为日本文化创造的受容性倾向，其近代化进程也不可避免地存在着对外来文化进行移植的倾向。欧洲的近代化从内部自发展开，作为其近代化的一个侧面，国民意识的上升是伴随着旧制度时代欧洲所存在的文化共同体的崩塌的。这种国民意识反映到日本可以理解为民族主义主张的出现，而外来语言的跃然纸上也说明日本的近代化正是一种西洋化。

虽然无论是民族主义的抬头还是外来语言的进入都是对西方的借鉴，但并不是说还没有出现日本本土化的近代化萌芽。具有近代萌芽性质的生产组织、思想、知识等都是在德川时代末期出现的。也有日本学者做出过假如没有家光的锁国政策的话会怎样的假设，但是这种严苛的禁令的实施在当时的日本还是有可能出现的，而且这种政策在200余年的日本历史上作为无上的权威被代代相传。明治时代锁国禁令的解除正式开启了日本的近代化，而禁令的解除有着内外两个方面原因，其中起到决定作用的是来自外部的冲击力量，外部的冲击力量也决定了日本近代化的特点。

毋庸置疑，在日本国内，持续200年的政治和平促进了工商业的发展，武士阶层的存在则展现出落后于时代潮流的发展状况。但是否定封建制度的思想并没有演变为实际的政治运动。外交问题上所引起的尊王攘夷的运动旗帜鲜明地提出了倒幕的号召，幕府制度本身就在开始崩塌，即使是作为倒幕运动当事人的新政府也未曾料想到，幕府最终的倒台与封建制度的废止之间的关系。以天皇为首脑的中央集权政府的建立与其所说是运动发起者的意图不如说是事件发展的趋势所致，而其中外国的压力起到了很大的作用。作为王权复古思想原动力的国学思想在明治维新的发展中起到的作用也是微不足道的，因此维新时所设立的神祇省在数年之后改为教部省，再之后教部省被纳入内务省。

维新改革是日本人用自己的双手对自己的国家进行改革，维新的自发性中也有像贫穷的人为了不挨饿而积极进取一样的成分。因为有外界的压力，从占有国民总数大部分的顽固保守派看来，在改革措施中有外国的痕迹也是不可避免的。为了保障政治的独立，在产业、经济、军事等方面借鉴西方经验在文化上自发地成为西方国家的殖民地是必然的。个人的生活也是如此，每个人所处的生活环境与其关于生活环境的观点并不一定是一致的。往往自己所期望的生活与现实的生活有着巨大的差异。明治维新的最终结果是国民顶着"文明"的名头被西洋化，这个从事实来说正好与日本社会从封建社会向资本主义社会的转移相重合。这种资本主义为了对抗其他的先进国家，在国家权力的庇佑下得以延续发展。

政治上独立、文化方面被殖民的道路是适合日本的近代化发展的，武士阶层作为明治维新的主导力量从很多方面来说都有着其恰当性。德川时代采取了冻结军事组织的政治体制，治国方针以文治主义为主，看起来好像是有些矛盾，但是从目的上看冻结军事组织和文治主义之间是相辅相成的。作为其结果之一，随着武士阶层文化素养的普及，产生了动摇幕府权威的复古思想，这样一来日本文化素养的担当从僧侣和公卿转移为武士阶层和一般的町人。前面所提到的佐贺藩藩学制度便是其中一个比较明显的实例，明治维新的功臣们虽然不是励精图治的君主，但都有着可以做一手好汉诗的素养。但是武士阶层并不是为了学问而学习，他们的本业是剑术和战斗，所以爱国心以及处理生死的觉悟的养成是他们接受教育的第一要务。

有很多的日本人在汉字的世界里进行着诗文的创作，也有很多的日本人专注于经典著作的注解。但是，对汉字进行深入研究的行为是所谓的学者或者具有特定职责的人所应该完成的事业，对于非专业的人来说则另当别论。此外，很多的学者因为被称为腐儒而感到羞耻，期盼着可以使学问从一己之修身到治国当中都起到效果。

在这样的社会风气下，拥戴幕府的武士的社会组织首先以战争为目标得以建立，战事来临时的觉悟被作为日常修行的目标，在这样伦理形式下的功利主义构成了西洋文明移入的根基，从而在日本的近代化中发挥着重要的作用。

德川吉宗于1720年实施洋书解禁政策以后，西学以自然科学为中心，其必要性和优越性在实用的立场上得到了日本的认同。例如，幕府末期的战争危机中，日本对西学学习的中心从医学转移到了军事学，同时西学以前所未有的态势向各个藩国渗透。自不待言，当时的武士阶层在情感上毫无例外都是攘夷论的追随者，而即使武士阶层中被人们所公认的彻底的西洋主义者福泽谕吉等人在风土人情、文学美术等方面对西学也是深恶痛绝。但是本来以"武"为根本的武士们肯定会被强者所吸引，他们天然地拥有着通过取得先进的武器装备而变为强者的欲望，所以武士阶层中抛弃世俗偏见，以武器的使用和生产为中心积极吸收西方技术的人才辈出，而促进武士阶层这种转变的是他们的思想体系中有着根据时局的需要适时调整的思维。

江户末期思想家、兵法家佐久间象山提倡"东洋道德，西洋艺术"，这一理念被后世错误地理解为简单的和魂洋才，象山的这种主张其实是他骨子里的朱子学理论与当时的时局所带来的危机感自然结合的产物。象山专注于朱子学的合理主义，因此他所提出的"东洋道德，西洋艺术"是将朱子学理论和自然科学理论同质化，谋求东西方思想的融合。他曾经说过，宇宙的实理无二，斯里所在异理不存，近代的西洋发明从实理上来说都足以弥补我们的圣学。这里面需要注意的是"异理不存"的说法，象山这种"异理不存"的观点，深深地影响了当时的仁人志士，成为他们行动的指导思想。在吸收信奉基督教的西方学术的时候，这样的观点可以消除他们内心最大的抵抗。而且作为武士其根本的伦理观念还是没有改变的，他们在接触西方技术时认为这些东西都可以成为自己的东西，剩下就是努力的问题。

无论福泽也好还是佐久间也好，他们都是藩士子弟出身，深受闭关锁国时期藩学教育的影响，追求的是成为实干家那样的斗士美德，这也是与通过科举制度登用长于诗文的官员的中国以及其他周边国家相比，日本比较容易吸收西洋文化的根本所在。正是有着这样的武士思想，日本的近代化将社会混乱限制在了最小限度之内，取得了迅速的成功。同时作为消极方面，因为武士思想和伦理的存在，不管日本吸收了多少的西洋文化，其骨子里的武士道德和人生观根深蒂固，在吸收西方文明时只是注重政治上的独立性，必然会给日本人的生活方式和国家命运带来灾祸，也不可避免地使日本走上了军国主义道路。关于这一点永井荷风在日俄战争之后，曾经说到过，"今日之日本已经摒弃了封建时代的美德，只是残留下封建制度的恶弊"，这样激烈的言辞并不是意气用事，确实有着真实的内涵。

武士的气质与西洋的功利主义的嫁接为当时西洋文化实用方面的输入创造了坚实的精神基础，特别是日本的资本主义因为其后进性，与国家权力紧密地结合在一起，从而也为西方文明的进入起到了天然的保护作用。就像为了保障军舰的装备和航行而牺牲国民的生活水平提高一样，日本的资本主义通过降低国民的生活水平，迅速取得了在世界市场的竞争力，因此国家权力从利用关税来防止外国商品的竞争到通过取缔劳动运动社会主义、农村的贫穷化、家族制度的维持等方式保障劳动者的供给和吸收失业者，想尽一切办法依靠资本家谋取富国之策。

明治之后，官制或者官方允许的思想家所提倡的传承日本国有的美德和风俗，都是与这种实际要求相一致的，因此这些官方思想家的学说在接受过合理主义教育的学者看来都是滑稽可笑的，官学思想家自己也不是真正地相信自己所提倡的学说，只是认为这样的学说对适应国家发展的资本主义有益处，所以将这些官方学说当作将西方文化引入日本社会的基盘而已。武士的子孙在资本主义当中是可以选出几乎全新的封建组织的，例如，"二战"之后控制日本经济界的大财阀内部就弥漫着江户时代家族企业的浓重气氛。

"和魂洋才"和"士魂洋才"是一个意思。武士思想最能够代表明治时代的知识分子的精神面貌。通常情况下，革命时期会有很多种思想潮流相互碰撞，明治时代作为日本近代化的革命时期也不可避免地出现很多种思想潮流，具体而言有儒教、佛教、神道、基督教等宗教，进步主义与保守主义等，它们之间相互碰撞。虽然表面上多种思想潮流相互斗争，但是它们有一个共通的价值体系，即，基于武士阶层情愫的社会道德。不仅是和洋思想的折中主义者，即使是积极吸收西洋思想并为之奋斗的极端西洋主义者从今天看来他们的内心都存在着武士阶层的情愫。福泽谕吉的"瘠我慢之说"当中就可以看到他的这种武士情愫，中江兆民和内村鉴三也有着这样的武士情愫。对于明治时代成年的那一代人来说，武士的气质很长时间之内都没有消亡，大约明治十年（1877）左右出生的那一代人里仍然保留着很强的武士气质。欧森外晚年所著的史传当中也阐明了他所构想的人类社会的理想状态，不是武士出身的夏目漱石在同一时代对文明的批判时也是依靠着以武士之魂得以展开的，这些在夏目的随笔和手记中都是有迹可循的。

随着与西方交流的不断密切，除了技术与工业之外，开始出现关注西方的社会关系、逻辑等人文科学知识，并将这些与日本的制度、社会关系等进行比较，发掘其长处并积极引入日本社会的潮流。跟随这样潮流的人，极易陷入空想，与自己的言行产生矛盾，反而不能为社会的进步产生积极的影响，但是他们依然坚持自己单纯作为批判者的立场，坚信自己所谓的真理并大胆提出主张。从思想史的角度出发，这些学者对明治社会的近代化是起到了很大作用的。近代社会的统治者允许反对者的存在，本身就是日本社会向近代化发展的一种体现。例如明六社、自由民权运动、基督教、浪漫主义文学、自然主义文学、社会主义等在明治时代都被允许存在，在不同的历史阶段鼓舞人们去实现自己的理想。

9.3 文化批判下的文明开化

将西方的科学简单地作为一种实用的技术进行输入的观点在现实来看，其内部存在着一个比较大的矛盾。西方近代科学的发展与15世纪以来的人性自觉并行发生，两者互为因果关系，共同发展。这样一来，不盲从于权威、对事实进行自发的验证的欲求形成了科学的基础，也激发了其他领域的批判思想。

9.3.1 明六社与文明开化

旧幕府时代的兰学者在推行西方历法、天文学知识的同时，对于没有科学根据的制度风俗所进行的批判也是自发形成的，特别是幕府末期日本内外交困之际，以兰学为中心的洋学得以成为官学，而随着国家所需要的统治的展开，洋学者对于西洋社会的认知更加深入，议会政治、市民自由、法律平等等问题与日本的未来之间的关系逐渐凸显出来，也成为人们所关注的热点。当时的洋学者直接或者间接地与幕府保持着联系，对于维新政府开始时他们是持批判态度的，当政府的言论允许他们利益的存在时开始倾听政府的声音，诸如日本最早的近代知识分子社团明六社的成员因为利益关系对维新政府采取了善意中立的立场。同时，在国家政治运行中必须重视西洋知识的时代，官员普遍具有积极掌握西洋知识的觉悟，这对于兰学者来说，与其说是一种指导不如说是一种保护。

明六社的社刊《明六杂志》于明治七年（1874）创刊，当时的政府自身就具有站在时代改革的前端的意识和实行力，随着废藩置县的改革的坚决执行、学制的颁布、西洋历法的采用、征兵制度的施行等构成近代国家基石的各项重要政策得以先后展开。维新所倡导的公议会政体的采用、公民平等等政府给予国民的公约得以实现，人们只是在如何实施的方法上有些许分歧而已。但是因为还没有取消言论的法律，所以当日本的言论法律制定的同时《明六杂志》便停刊了。

《明六杂志》的停刊是福泽谕吉在"诽谤律"发布时的主张，这一主张得到了其他成员的赞同。福泽认为必须停刊的理由是在这样的恶意法律之下不可能有自由的主张。不管停刊当时有着什么样的内外情况，明六社的成员做出这样的决定的背后都有被政府加以惩罚、被迫反省的意识在发挥作用。与其将停刊事件看作是明六社成员的失算不如说是当时的社会确实是十分重视"洋学"。

不管是福泽谕吉还是西周，或者津田真道、加藤弘之、中村正直、神田孝平等人，他们很早就踏上了欧洲的土地，把移植欧洲的所见所闻到日本作为他们的使命，同时将西学移植到日本也是标榜"文明开化"的日本政府的目的。因此明六社与政府之间并不是敌对的关系，他们之间的差异在于对文明开化的追求有所不同。至少日本政府和明六社自身是相信这样的，这也是当时时代的一个特色。通览《明六杂志》创刊时的前十号刊，能够看到在杂志中明确地提出了日本近代社会之后几十年所会面对的问题。创刊号中西周提出用西洋文字来书写日语的论断，可以看到国语标记法已经受到了当时知识分子阶层的关注,而西周的主张在现代来说,都是一种不一定能够得到大多数人同意的激进的想法。

此外,《明六杂志》中森有礼的批判日本结婚风俗的文章《妻妾论》也给当时的人们一种唐突的感觉。森有礼认为,基于"人伦之根本"的婚姻正是国家得以坚立之所在。保持日本的自由独立是最为重要的,婚姻之交在日本的确立是国家的紧急要务。而且森有礼也身体力行,于明治八年(1875)一月(《妻妾论》发表的第二年)在福泽谕吉的见证下,本着夫妻完全平等的精神与妻子完婚。森有礼认为并不是因为男女平等是西方的风俗所以才是完美的,男女平等在世界任何一个信奉"人伦之根本"的地方都是值得推行的,这也是明六社成员思想的特点之一。津田真道在《拷问论》的开头写道,近年来欧洲已经废除了拷问制度,而东方的很多国家依然存在着拷问制度,认为本是相同的人类,不应该有此差异。这里我们可以看到明六社对欧洲文明的摄取并不只是简单的模仿,是存在着一种"他们是人类,我们也是人类",应该谋求平等的对抗意识的。

综上所述,以明六社为首的日本知识分子阶层认为,形成西洋诸国社会生活之根本的近代化理论并不是西方所特有的,应该是一种普遍的价值取向;将这种价值取向引入日本来弥补社会生活的不足是有着积极意义的,对于人来说用西洋的技术来辅助东洋的道德是一种正确的追求幸福的方法,这一点也与之前的思想观点有着根本的不同。

在后来的日本学者看来,"文明"这一词语在当时的日本与"西洋"一词对等,而实际上发挥着将西洋文化进行非地域化阐释的重要作用。幕府时代没有西洋文明这一词语是因为攘夷思想十分盛行,人们认为西洋只是东洋文明的辅助而已。"文明"有着"感兴趣"的抽象概念,而这一抽象概念起到了翻转西洋和东洋关系的作用。这是在任何一个时代都会出现的语言上的一种诡辩论,如同用"文化国家"来掩饰战争中的失败一样来掩饰模仿西方的现实。而从实际来看,日本对西方的模仿是受到外力的强制而展开的,当时的日本已经陷入了要么失去独立主权,要么发展西洋化的境地之中,只能通过模仿西方来保持人们精神的独立。当时的开化主义者所做的事情虽然是以"人伦的根本"或者人类的"幸福"为目标,但是在保守主义者看来不是正在出卖着大和民族的灵魂吗？有礼的结婚仪式在西洋式的宾馆中举行，服装和宴会都是纯西洋方式的；而作为津田真道所提出的不得不废除拷问制度的理由，"不废除拷问制度，我们就不能与西方国家并驾齐驱"，也就是说真道他们认为采用文明的目的是为了与西方国家取得对等的交往关系，但是作为采用西方文明的负面影响他们也不是十分清楚。

但是文明的概念有着一种错觉，是一种可以给时代精神带来活力的有益的错觉。正是在这种错觉的支配下，日本积极贯彻政治独立，而文化方面不惜变为西洋文化的附属的文化接受方式，并在没有任何羞耻感的情况下得以展开。所以，虽然日本采取了极端的欧化政策，但是一直没有成为欧洲国家的殖民地。在日本人看来，弱肉强食是自然界的规律，但是在人类社会却不一定如此，老虎以兔子为食，不能说老虎是更加高尚的存在，也不能说鲸鱼会比沙丁鱼更加高级[①]。

日本的开国受迫于欧洲国家的强压，而日本作为弱者追赶欧洲强国，当时的日本人已经清醒地认识到了，是否让欧洲人进入日本已经成为关乎日本存亡的问题。关于当时的时局，跟随普提雅廷到达长崎的俄国现实主义作家冈察洛夫认为如果允许欧洲人进入日本的话，欧洲人会带着他们的信仰、思想、习惯、规则、商品以及相应的弊端而来；如果不让欧洲人进入日本的话，会来更多的战船和枪炮逼迫日本就范。而作为现实问题来说，将军事从国家组织中独立出来进行近代化是不可能的，所以日本方方面面都是在这种强迫下走上了近代化的道路。福泽谕吉是日本最早使用"文明"一词的人，他在所著的《西洋事情》中这样说道："洋船来我邦日久，涉及西洋之翻译亦不少也。其物理、地理、兵法、航海技术等学问，日新月异地辅助我文明之治，加强我军事，其益处良多。尽管如此，私以为只是穷尽西洋之文艺技术，而对其政治风俗不详，在学习西洋技术的同时却不去学习甚至违背西洋治国之道，这样除了给我国带来益处，也会带来弊害。而观各国之政治风俗最好的方法是了解他们的历史。——通过这样了解外国的时局，才能够分清楚应该敌视和友视的东西，以文明对待其友

---

① 伊藤整等：《近代日本思想史講座 7 —近代化と伝統》，筑摩書房（1959），第 30 頁。日语原文："強弱は自然の秩序かもしれませんが、人間世界においては、本質的な価値とは見做されません。虎は兎を餌食にするから、兎より高尚な存在とは言えないし、鱶が鰯よりも優秀な生物と決めることはむずかしいでしょう。"著者译。

善，以武力对抗其敌对，这样文武之用不会有所偏差吧。"① 可以看到福泽谕吉所提倡对近代化的指导者西洋应该以好奇和了解的心态去接触，这也是日本人从幕府末期开始接触文艺技术到开始接触和学习政治体制的一种深入，这种深入伴随着日本文化创造过程中对外来文化的批判。在初期，为了使西洋事物发挥实用性作用，而又不伤国家之本，不去引进西方的政治制度，而是将更多的精力放到引进西方先进技术方面。而当日本人逐步认识到实用技术不能满足日本社会发展的时候，开始着眼于使国民发挥更多积极性不断提高近代化动力的社会制度方面，进而甄别益弊，大力学习西方的先进制度。

9.3.2 文明开化下的明治维新

明治维新实际是受底层武士阶级所主导的革命，因此取得维新的最有实质性解放的是武士阶层这一事实给这种变革带了两面性。一方面，武士阶层在武士社会中是贫穷的被压迫者，特别是其中具有才华的人深深地感受到了封建身份制度的桎梏；另一方面，武士阶层中有人会将对自由、平等的追求植根于其生活，大力倡导西方的思想移植和生根发芽。福泽谕吉认为门阀制度是武士阶层的敌人，而这种情绪在广大的青年当中普遍存在。受到门阀制度禁锢的福泽谕吉能够看到少年时代所不能想象的自由的天地，去解脱这种束缚并不是只靠自己的努力和幸运便可以完成的，而是因为门阀制度在西洋文明的侵入下已经显现出崩塌的迹象。所以明治维新最初也是在主张人的尊严和平等的思想下得以展开的，这种思想在当时废藩的告示中有所体现，如明治三年（1870）土佐藩被废藩时政府的布告中写道："人是天地间活动的最重要的存在，借天性、兼有知识技能、正可谓万物之灵。"②

但是这种解放的势头只是停留在废除封建时代的身份制度，没有发展到发

---

① 福澤諭吉：《西洋事情》"洋籍の我邦に舶来するや日既に久し。その翻訳を経るもの亦尠からず。然して窮理、地理、兵法、航海術等の諸学、日に闢けて月に明にして、我文明の治を助け武備の闕を補ふもの、其益豈亦大ならずや。然りと雖も、余窃に謂らく、独り洋外の文芸技芸を講窮するのみにて、其各国の政治風俗を詳にせざれば、仮令ひ其学芸を得たりとも、其経国の本に反らざるを以て、啻に実用に益なきのみならず、却て害を招くも亦計るべからず。抑々各国の政治風俗を観るには其歴史を読むに若くものなし。——これに由て略々外国の形勢事実を了解し、果たして彼の敵視すべきものか其友視すべきものかを弁別し、友は則ち之に交はる文明を以てし、敵は則ち之に接するに武経を以てし、文武の両用其所を錯ることなきに庶幾らん乎"。著者译。
② 《自由党史》："それ人間は天地間活動の最も貴重なるものにして、特に霊妙の天性を借具し、智識技能を兼有し、所謂万物の霊と称する——"。著者译。

掘人的"灵性"的地步。武士阶层认为学习西方文明的学问是将自己从上层的权力束缚中解放出来的最有力的手段，并将这种作为启蒙者的自觉加入到了国家概念的框架。明治初年是日本国民权史上十分值得关注的时期。在这一时期可以充分地看到近代社会理念的萌芽状态，以妇女问题为例，这一时期出现了娼妓的解放、契约婚姻、女子赴美留学等。

同时，森有礼另一方面是一个满怀热忱的国家主义者，如他在明治十八年（1885）的学制改革当中，提出了建立从大学到小学的国家主义教育体系的建议，这样在明治初年就已经出现端倪的近代人的自觉，转向于完全响应国家需要的方向。女子教育的必要性以及有素质的母亲对国家也是有用的，都是出于这样的立场。因此可以说下级武士阶层的思想形成了文明这一概念的内容，由于明确了自己服务于谁，武士阶层便可以安心地为国家服务。

文明开化与武士阶层所构想的富国强兵是一致的，武士阶层有了这样的自信，即为了文明而生活，同时也就是为了国家而生活，而普通的民众把为了文明而作出牺牲的武士作为偶像，自然也会认同这样的理念。武士阶层尊崇没有比人更高贵的事物这样的近代理念并没有享受幸福，也不认为这是取得权利的原则，而是为了某一目的放弃了以前的生活，鞠躬尽瘁。也就是说，无论是对下级武士出身的革命指导者们来说，还是对一般的民众来说，文明和国家，就像是曾经的封建领主那样，是他们应该服务的对象。这样的封建性的心理的延续，或者说封建道德的存续并没有影响日本的近代化社会的形成，相应地，忠义的道德被出世的美德所替代。个人主义或者利己主义逐渐被作为个人行为的原理，但这并不是说要将个人的意识与社会对立起来，应该在与社会的协调和妥协当中满足自己的欲求，也是在国家允许的框架之下。日本国民对外的情感也可以充分体现文明被武士阶级所引导，根据文明的原则和外国人交往时，日本人以平等为前提，提倡相互遵守世界万国之公法。但是万国公法之中的语句也是与现实相去甚远的，例如日本与欧洲各国于安政年间所签订的不平等条约，随着与各国之间交往的不断深入，日本人日益感受到这些条约的弊端。文明所掩盖的事实是，希望国家以军事力量为背景，首先展开的是经济的侵略，这一点日本人已经足够清醒地认识到了。明治初年涂春雨就曾经预言过，日本未来能够保持独立是一个非常难的事情，因此他为了不让孩子受到外国人的欺凌，曾经想让儿子去当僧人。这种与外国人交往会成为非常难的事情的认识也阻碍了明治维新思潮中人性解放的进一步发展。另一方面，国权论或者国粹论等风潮出现，也出现了文明主张不断的功利化，这些对于外国的压迫所产生的反应，可以说是来源于武士阶层的精神的。当时的执政者这样认为，一方面与西方列强相角斗，另一方面对同样受压迫的亚洲其他国家人民采取模仿西方列强的政策。

虽然同样受到了压迫，日本并没有想与其他已经受到压迫的国家共同提携，而是努力挣脱弱者列，与列强为伍，这是出世理念在国家舞台上的重演，同时也招致了日本今后发展方针上的重大失误，但是对于武士阶层出身的当时的革命指导者们来说是理所应当的。

9.4 近代化与日本传统

9.4.1 进步主义与传统主义

历史是人类集团之间相互斗争和交融统一的过程，在这样的过程当中，一方代表着新事物，一方代表着旧事物，两个集团之间的接触以对立抗争的形式开始，以两者的融合统一完成。在这个过程中，新事物以从属于旧事物为契机将旧事物融合到新事物中，或者旧事物以从属于新事物为契机融合到旧事物当中去。新旧事物的对抗在开始阶段并没有以观念的形式展现出来，换言之并没有被意识化。特别是新事物在生成之初，表现为偶然的自然发生的行为，即使是有意识化的情况，也只是停留在未涉及实质的表层。这样的对抗融合过程的结果如何？对于推进这一进程的各个集团来说又有什么意义呢？用一句话来概括的话，可以说是将一种自生状态进行了思想化。相应地，历史上的思想起到了将自发的历史过程意识化的作用。如果将引导和鼓舞每个个人主体思考、决定、行动的观念称为思想的话，那这种对抗交融过程的意识化一般会产生两种思想倾向：一种是以新事物为准则旧事物向新事物融合的思想倾向；一种是以旧事物为准则新事物向旧事物融合的思想倾向。以这样的思想倾向为线索概观思想史，我们能够发现与这两种思想倾向相对应的思想类型，与前一种思想倾向相对应的是进步主义，而与后者对应的是传统主义。

传统主义在结构上展现出重视既定历史积累的物质性的特点，而对历史惯性的感觉和认知是传统主义的核心。传统主义对于既定历史的积累抱有坚定的肯定态度，同时缺乏对历史进行否定的理论，因此，缺乏批判性也就成了传统主义以及传统主义类型的思想的共同弱点。与传统主义相对应，进步主义在结构上体现出向现实转移的历史可能性，或者说进步主义在很大程度上重视可能性状态下的现实性，因此与其说其代表着现实和具体，不如说它代表着未来和抽象。用一句话概括的话，进步主义是用明天的理念来裁决昨天的事情，用符合明天理念的东西建构今天的历史。因此，进步主义主张在既定历史积累惯性中进行人为处理的可能性。进步主义的根本重视的不是现实和具体，而是一种理念的抽象的历史形成能力，进步主义与从属于其类型的思想缺乏对历史积累尤其是历史惯性的肯定原理。

进步主义与传统主义可以通过它们的政治功能进行区分，进步主义代表的抽象的未来的事物，有着不断实现的可能性，在政治上表现为对社会现状的改革倾向，以近代思想为例的话，变革的经验主义、启蒙的理性主义、标榜个性解放的个人主义、社会主义等思想都属于进步主义的思想。与之相对应，传统主义代表的是实际的具体的事物，是已经实现了的可能性，将既存的现状和过去作为最高规范进行设定的政治理念，近代思想中颇具代表的有对法国革命尤其是对《人权宣言》持否定观点的各种保守主义，以法国的博纳尔（Bonald）、德·迈斯特尔（de Maistre）、拉梅内（Robert de Lammenais）等思想家为代表的保守主义，只是将革命社会主义作为反动意识的法西斯主义，等等。

9.4.2 近代化与日本主义

传统一词有着很多的用法。比如说，保护民族的传统、回归传统、恢复失去的传统，等等。传统并不等同于历史的积累，也不是被继承下来的历史事实的简单加成，而是历史积累过程中所产生的特定的价值判断。近代日本所特有的传统主义作为一种个别的具体思想现象体现出来，是在与近代化这一进步主义的紧张关系中发生、发展并持续着的。近代日本的传统主义具体地体现为"日本主义""国体论""农本主义意识"。而最具代表的是日本主义，这里主要选取日本主义对日本近代传统与近代化的冲突与融合进行探讨。

日本主义来源于初期的日本旨意，与其他的传统主义一样，日本主义对于近代化并不是始终持有单纯的消极否定态度的，日本主义的思想结构中有着将近代化作为时代转型的契机的尝试，这样一来近代化与传统之间的紧张关系在思想意识方面得以持续性地反映。日本主义总的说来包括三个阶段：明治二十年代（1887—1896）、明治三十年代（1897—1906）、大正末期（1925）到昭和前期。每个阶段的代表学者有：第一阶段的陆实、三宅雄二郎、志贺重昂，第二阶段的高山林二郎，第三阶段的三井甲之、五百木良三。这三个阶段的日本主义又有着各自的特点，首先从思想特征来说，可以分为政治理论的日本主义即日本旨意、美学的日本主义以及诗歌的日本主义；其次从政治功能上来说，可以分为保守的、反对的、反革命的；最后作为思想原理来说，从世俗的日本向神秘的日本的转移。

日本主义与国体论是有所区别的，两者关于天皇的观念有所差异。日本主义在诗歌等形态中，天皇观念被显著地神秘化，与国体论同质化；但是政治理论形态中，日本主义即日本旨意将天皇世俗化，认为天皇是有着政治功能的实体，不认为天皇有着不拘泥于某种实体观念的功能概念。

"明治二十七、八年战役，无论是对日本的历史，还是对我个人的历史来说，都是一桩重大事件。而对我一生说来，又是一个大转机。"这是德富苏峰在《自传》中的记述。1894—1895年（明治二十七年—二十八年）的中日甲午战争，在日本近代史上是个划时代的事件，这是无须赘述的，以战胜中国为转折点，日本的产业资本迅速发展，国势日益昌盛，已经取得能够同世界列强并驾齐驱参加帝国主义阶段的资本主义竞争的地位。中日甲午战争，对当时的思想和文化方面当然也不能不产生巨大的影响。其影响表现得最显著、最典型的一个实例，就是这时口称这个战役给自己带来了"一大转机"的德富苏峰本人。明治二十年代初高唱和平主义、商业主义、平民主义，在言论界大肆活跃的德富苏峰，却转变到实力主义、国家主义和帝国主义方面去了。

  二十七、八年的战役，使一向从书本学习的我，开始从事实中学习起来。

  我同实际接触，并不是从这次战役开始的，不过，不可磨灭的深刻而强烈的感受，的确是从这次战役得到的。换言之，这次战役的感受，远远超过斯宾塞、科布顿、布赖特等之影响。不言而喻，就是退还辽东半岛一事。……我由此觉悟到：无实力的道理，胜不过有实力的不讲道理，欲使道理能行得通，就必须要有使道理能行得通的实力不可。即道理本身并不是自动的，需待其他力量能发挥它的妙用。于是我便归依于力量的福音了。(《时务一家言》大正二年)①

在这里，曾经是和平福音的使徒的德富苏峰，一变而成了"力量的福音"的使徒。所谓为了伸张正义而护军备战之说，三宅雪岭已经在《真善美日本人》一书里宣扬过了，通过中日甲午战争，以苏峰为首的很多明治二十年代的资产阶级自由主义者终于向右转，转变到国家主义去了。

不过，并不是所有的人都如此。例如，北村透谷死后的《文学界》的同人们，追求内在的精神自由，从尊重艺术的立场出发，对于战争采取了漠不关心的旁观态度，对于狂热而卑俗的战争文学表现出批判的态度。平田秃木还在《文学界》(明治二十七年1、2月号)上刊登了《辞别二十七年》一文：

> 二十七年即将过去。自从战争发生以来，民众心情振奋，无暇顾及文学等。……战争诚然是国家的大事，民众不可忘怀。即使是挥笔执凿的人，也不可隔岸观火而忽略过去。……然而，在置身于文艺界、关心发挥诗意和提高民众趣味者看来上演演剧也无非是战争，即使在美术趣味和诗意上想法极不健全之人，一看到以战争的名义，普遍损害了民众的高雅情趣，也未必不引为不快。

> 此时谈论战争文学者流，说来是最愚蠢的人。文士为战争而糟蹋其笔墨，就如同民众对战争狂热起来而不去干工业一样，这时应该有高瞻远瞩的思想，诸如正义、仁爱、国家、自由这些雄壮宏伟的观念固然是文学上不可或缺的东西；今天这样大快人心的举国奋起，其影响必然要波及到文学。

> 纵令如此，如果它不和心机的妙发、灵境的波澜等凡是内在生命的无形风涛以及幽玄至妙的观念互相暗中结合起来，即使如何大快人心的举国奋起、如何雄壮宏伟的国家观念，也决不是具有诗意的永久生命的东西。……今天谈论战争文学者流，肤浅拙劣透顶，以此作为辞别二十七年之词。

---

① 近代日本思想史研究会：《近代日本思想史》第三卷，商务印书馆(1992)，第33页。

当我们考察中日甲午战争对文化和思想方面的影响时，如把德富苏峰的思想转折放在右端，把《文学界》同人的动向放在中间的话，那么，放在右端的就该是内村鉴三（1861—1930）。中日甲午战争爆发的时候，内村鉴三曾把它当作"义战"加以支持，可是，以日本胜利而告终的这场战争，却使他完全失望了。"一旦战争结束而站在战胜国的地位，就将像以前把关键之点——邻邦的独立置之于不顾那样，全体国民只盯上新领土之开辟与新市场之扩张，一味想要充分获取战捷的利益。"（《时势之观察》明治二十九年）对这种日本国民的"实利主义"的"伪善"态度，他早就看到。"我所忧虑叹息的在于我国民的虚伪，在于他们不信正义而高唱信义，在于他们对邻邦的亲切止于口头而非出自内心"（同上）。中日甲午战争使内村鉴三痛感"战争有害而无利"（《我成为非战论者的由来》明治三十七年），这是使他后来在日俄战争中成为非战论者的一个动因。

这样，内村鉴三就以这次战争为开端，进一步向反抗和批判国家政权的方向前进了。而且，正如后文所看到的那样，第一次世界大战后，他进而还想从发展起来的社会主义思想和运动的立场出发，开始对帝国主义的批判活动。在中日甲午战争后的这种思想状况中，反映当时国家意识的高涨而提倡起来的，是高山樗牛的日本主义。

高山林次郎（樗牛，1871—1902）是作为感伤的浪漫主义者开始文学生涯的。取材于《平家物语》而以词藻华丽的格调写成的、关于泷口入道（时赖）和横笛的苦恋故事《泷口入道》（1894），作为《读卖新闻》入选作品而发表的时候，樗牛还是帝国大学哲学科的学生，此事使世人大为震惊。樗牛由此而一跃成名。1895年，《帝国文学》和《太阳》杂志出版，他在这上面发表的研究近松的一系列文章，引起了文坛的重视。1896年大学毕业后，他作为母校第二高级中学的教师，前往仙台，次年（1897年）被聘为《太阳》杂志的文艺部主任，便辞去教师职务回到东京，在这里开始了热火朝天的评论活动；不只是文坛，在一般言论界也起了指导作用。《太阳》杂志取代了明治二十年代的《国民之友》成为这个时代首屈一指的综合杂志。

1897年，樗牛与井上哲次郎和木村鹰太郎等共同建立"大日本协会"，创刊机关杂志《日本主义》。该协会建立时刊登了以下十条纲目：

一、崇拜祖国；

二、以光明为宗旨；

三、以生气勃勃为贵；

四、期望精神的圆满发展；

五、期望清净洁白；

六、注重社会生活；

七、注重国民团结；

八、尚武；

九、期望世界和平；

十、期望发展人类的友谊。

关于这十项纲目，当时大西祝作过如下的讽刺性批评。他说，协会在纲目中表现出来的主张"看来很周到，也太周到了"，"莫如削去一、二条，纵令不无偏于一面之嫌，但作为发表主张，反倒觉得有点气势凛然。而现在这个纲目罗列庞杂，看上去好像万灵膏的广告，而它葫芦里卖的药，是否有千金丹那样疗效，不能不令人有点怀疑。"(《日本主义之纲目》明治三十年六月《六合杂志》)。

高山樗牛以这个大日本协会为背景，在《太阳》杂志上，大肆鼓吹了他那"日本主义"的主张。这个明治三十年代的高山樗牛等人的日本主义，很明显是吸取了明治二十年代三宅雪岭等人的国粹保存主义的传统，但在它反映了中日甲午战争后国民意识或国家意识的抬头这一点上，却表现得和国粹保存主义相当不同。"帝国宪法、教育敕语和日本主义，我们认为这是明治思想史上的三件大事。帝国宪法揭示国法的大纲，教育敕语明确教育的方针，日本主义则以指示国民道德的根本为主旨。至于根据大日本帝国国体、民性，以统一国民精神为目的这点，三者是一致的。"(《国民精神之统一》明治三十一年)

樗牛说，明治二十年代的国粹保存主义确实是日本主义的先躯，但它的主张只不过是"形式的""抽象的"，"它的主张者不仅不懂得国体、民性的特点应该是一国人文的最大重点，甚至连这样的概念所赖以成立的国家和国民的真正意义也还没懂得"。可是，1889年帝国宪法颁布，"明确了我国国体、国性的特质，次年颁布了教育敕语，教育界的舆论于是有了定准，把忠君爱国举国一致尊奉为国民道德的主旨"。1892年发生了所谓"教育宗教冲突论",由于井上哲次郎的奋斗,诡辩佞辞终于未能摇撼真理,国民思想的大势,在欧化主义者流喧嚣之间,暗中转移,事实上得以证明了国家主义者的全胜"。接着,1894、1895年发生了"从根本上摇撼了国民思想的"中日甲午战争,唤醒了日本国民的国家意识。这时,关于"日本在世界上的地位和命运",成了应该得到回答的紧急的重大问题。日本主义正是"为回答这个疑问而产生的主义"。而且,这个日本主义的特点,在于排斥以前各种主义"根据东洋西洋与国内国外来定其取舍"的"独断"态度,"对古今内外的文物采取研究态度"。这就是说,不问东洋西洋,不问国内国外,而只以是否适合于"国体民性"为唯一标准。

"从根本上统一国民的意识,陶冶与此宪法和敕语相适应的国民精神,难道不是日本主义之本分吗?发展国家,需要统一民心。统一要事先有个主义,而主义则有待于国体与民性。日本主义对于国民精神统一的责任,就在这里。"樗牛的这种日本主义,不完全是绝对主义的明治国家统治阶层的意识形态。因此他说,"既是世界主义"又是"个人主义"的民政主义,是主张"非君主政体"的,所以"不言自明,它终究同我国体民性是不相容的"(《过去一年之国民思想》明治三十二年)。照樗牛看来,无论"世界主义",或"个人主义",都是错误的学说。"人生幸福的实现",只有通过日本主义这个国家至上主义才能达到。在今天,"国家体制是集体生活的最终形式"。所以,唯有国家至上主义才是"实践的伦理学的唯一原理"和实现幸福的"唯一方法"(《吾人对国家至上主义之见解》明治三十一年)。但是,"我国国体的特点在于君民同祖,忠孝一致,持有这个强盛的祖国观念的我国国民,作为扩张的国民具有最恰当的资格"(《我国国体与新版图》明治三十年)。"凡是领土及殖民地的扩张不同坚决执行帝国主义政策相适应的国家,必然要衰亡。"这是历史的教训,所以"吾人不能不希望,对于将来日见繁荣的海外殖民地,我国人要遵奉盎格鲁撒克逊的帝国主义而不违背"(《帝国主义与殖民》明治三十二年)。

樗牛这样讲,显然是在中日甲午战后立即提出的近代日本帝国主义的明显侵略口号。在明治二十年代初,作为对鹿鸣馆欧化主义的反动而兴起的国粹保存主义或国民主义中,还能见到一点的民权的健全因素,在这里已经被一扫而光。樗牛自身思想上的变化,在此后到死前的短暂时期内,进而又转变成了宣传尼采主义的极端个人主义或日莲主义，但作为其出发点的浪漫主义倾向在全部过程中是一贯到底的。尤其是，他的尼采式的自我主义主张，在文坛和思想界引起了很大反响。对樗牛的这种思想，当然要给以恰当的评价，但在他明治三十年代首倡浪漫主义，以及后来明治四十年代的自然主义中据说含有先驱因素的樗牛的个人主义和自我至上主义，和前面讲的日本主义的国家至上主义却是直接联系着的。而且，这两种思想中间并无任何联系并存的情况，并不只是樗牛一个人的问题，也是经过中日甲午战后的明治三十年代，亦即正在迅速取得畸形发展的日本"近代"资本主义终于挤进帝国主义列强竞争行列的明治三十年代整个文坛和思想界的问题。以明确形式鼓吹起来的国家至上主义，以及作为它的批判者——社会主义思想和运动的孕育征兆，再加上和国家社会问题毫无关联的、企图解放自我的浪漫主义乃至个人主义的主张，举凡这些就是明治三十年代的思想情况。

  明治二十年代的国粹保存主义，发展到明治三十年代樗牛的日本主义，正像经历了帝国宪法—教育敕语—日本主义这种系统而发展成为明显的国家至上主义那样，明治二十年代开始的、为了创造资产阶级近代文化而进行的活动，到了明治三十年代很快就开始呈现出走向颓废的征兆，打上了日本式的畸形的烙印。当然，这并不是说在明治二十年代的各种新思潮里没有这种畸形，而是说在明治二十年代还没有成形，是作为暧昧的东西潜藏在内，到了明治三十年代，以更明显的形态表现出来了。

第10章　文化创造倾向转型下的中国近代化

10.1 近代性之于中国

近代化开启了人类社会快速发展的历史，而关于什么是近代性这一问题，很多的学者进行了论述，其中比较有权威的是英国学者安东尼·吉登斯（Anthony Giddens）的论述。安东尼·吉登斯认为，近代性需要将其作为过去的发展和现时的制度形式进行把握；近代性是大约开始于17世纪以后的欧洲，随后逐步波及整个世界的社会生活和社会组织的模式；近代性的特征之一是与前近代有着非连贯性；工业主义、资本主义、监视能力、军事力这四个制度是近代性的有机组成部分。

近代文化构建中最重要的论点是近代性的概念问题。近代性可以被称为近代文化的理念和价值，这里包含了共同性和共有性的意思，所以西方的近代性和中国的近代性是没有什么不同的。但是实际上，存在着中国固有近代性的问题，这在中国人的认识上经常容易被忽视。考察中国近代性的话，有两个观点是不可回避的：

一个是接受西方近代性时的操作性和选择性问题。在西方，近代性也存在着操作性和选择性，但是与中国的近代性相比，不十分明显，这样的操作性和选择性，为创造性地解释中国近代性提供了依据，是中国近代文化构建中不可或缺的重要论据。中国的近代性具有从中国的社会状况和知识框架中选择性且操作性地创造中国社会的特征。创造什么样的近代性，不是预先决定的唯一的选择，而是动态调整的选择。但是，这里存在着必须明确的各种问题：首先，选择性和操作性是必然的；第二，在近代性的创造中选择性和操作性的机制是如何发挥作用的；第三，选择性和操作性的视野是如何构想。在搞清楚这些近代性相关问题的过程中，中国的社会和文化性质将得以凸显。

另一个是有关近代性的再解释的必要性。即，中国近代性的含义需要被再解释。中国近代性的概念是十分复杂的。中国内在的近代性被中国精英层所忽视、否定，或者相反地夸张、夸大地宣传。而对中国内在近代性进行否定时，认为近代性是外来的，所以将近代性解释为中国需要通过追赶、超越这样至高无上的近代性而不断努力。被西方近代标准认为是不合理的事物都被解释为是受到传统约束的东西。与之相反，肯定近代性的情况下，中国人经常不能对自己的近代性进行正当的评价，而是抱有太多的西洋情结。中国固有的近代性被夸大，认为其可以超越西方近代性，这也没有看到中国内在的近代性的具体情况和现实。中国人一方面不顾中国内在的近代性，另一方面也有通过将中国的近代性进行政治方面的意识形态化来拒绝对中国近代性的反省和自觉。

但是，从现代来看，在过去的"反帝""反殖民地主义"等政治意识形态的口号中也可以说包含了中国特有的近代性的意思。这些口号不正是中国所创造出来的固有的近代文化的一种表现形式吗？如果将它们单方面地判断为只是政治意识形态，则可能会失去重新审视中国近代性的立足点。

即使在今天，在西方和非西方之间，围绕近代性相关的一些概念，例如人权、政治的民主化等的激烈争论仍在持续。从这个意义上来说，从多元化的观点考察近代性，对于解释中国文化的传统性与近代性融合的现实是有效的。具有深深扎根于中国传统的近代性的社会，是真实存在的。站在这样立场上，像"反帝"这样的意识形态和口号也成为再次验证中国近代性不可或缺的要素。为了重新构建中国社会内在的近代性概念，有必要将社会变动定位在固有的文化价值及其变容过程中进行解释。

10.2 西方近代化思想的导入

鸦片战争以后，当时以英国为代表的欧洲舆论大力宣扬中国社会的停滞，使列强游客"基本上对陷入停滞的中国是一种严重蔑视的印象"，因此英国应该通过完成"文明化的使命"改变中国停滞落后的状况。受到这种舆论的影响，以林乐知（Young John Allen, 1836—1907）为首的在华传教士，宣称可以改造处于停滞中的中国，并出版《万国公报》，积极参与到当时的社会舆论当中，给清末的改良运动带了重要的影响。

"文明化的使命"这一主张，基于19世纪以欧洲为中心的"一元文明进步史观"，但是，清末推进改革的精英士大夫阶级，是如何看待这种进化论的思想的呢？

自从进化论的思想在严复翻译和论述赫胥黎的《进化论与伦理学》时所著的《天演论》中被系统地介绍以来，受到了当时中国精英阶层的高度评价，并引起了强烈的社会反响。严复在《天演论》序中写道："赫胥黎氏此书之旨，本以救斯宾塞任天为治之末流，其中所论，与吾古人有甚合者。且于自强保种之事，反复三致意焉。"另外，同样严复的《群学肄言》中指出："其书实兼'大学''中庸'精义，而出之以翔实，以格致诚正为治平根本矣。"

严复从西方文化与中国文化的不同点出发，对西方的"天演论"（进化论）与中国圣人的循环论进行了如下论述："中西事理，其最不同而断乎不合者，莫大于中人之好古而忽今，西之人力今以胜古；中之人以一治一乱、一盛一衰为天行人事之自然，西之人以日进无疆，既盛不可复衰，既治不可复乱，为学术政化之极则。"

严复把西方文化与中国文化的差异性当作"古"与"现在"的意向不同，解释为"好古忽今"（喜欢古而忽略现在）的意向停留在历史循环论中，而"力今胜古"（现在努力做到以前的努力）的意向与"天演论"（进化论）相关联。也就是说，士大夫的历史认识从"一治一乱、一盛一衰"的以往的循环论转变为"日进无疆，既盛不可复衰，既治不可复乱"（例如无限地进步，如果盛行则不能再次衰退，如果治愈则不能再次紊乱）的进化论。

经过严复等人的翻译和论述，天演论（进化论）作为最初的西洋思想进入中国，而后进一步由康有为阐发为"三世进化论"[①]。"天演论"和"三世进化论"深深地影响了戊戌变法以后梁启超和康有为的政治意向。社会进化论可以引起爆炸性的热潮的理由有以下三点：首先，社会进化论为分析当时中国周边的国际环境特点提供了最具说服力的理论框架；第二，社会进化论为迫切需要进行彻底改革的中国在合理性方面提供了最合适的理论框架；第三，社会进化论以

---

① "三世进化论"是康有为利用西方的进化论对《春秋公羊传》的"三世说"（据乱世、升平世、太平世）和《礼记》《礼运》的"小康""大同"的说法进行再解释，进而打造出来的"社会发展阶段说"。作为"三世进化论"最高阶段的社会是没有君主的大同世界（乌托邦），而大同世界是在彻底的社会改革的促进下得以建立和发展。"三世进化"说来源于《新学伪经考》。康有为在《新学伪经考》中，认为不能简单地把孔子认定为是对过去圣人的言论和学说进行总结归纳的传承者，孔子的言论是由他自身创造；否定了单纯对传统儒教进行解释的尚古主义，将孔子作为促进发展历史的改革者。在《孔子改制思考》中，康有为将"托古改制"说进行展开，划时代高度评价了孔子在历史发展中的作用。"三世进化"说到《大同书》（1902）为止得以完成。

法则权威的形式预告了近代之后中国因疏忽改革而走向被动挨打的命运。

社会进化论在20世纪初的中国得到了梁启超为首的《新民丛报》派以及章太炎、刘师培、邓实等以《国粹学报》为阵营的国粹派的高度评价和进一步推进。国粹派最初以进化论为理论基础，开始了"排满"的活动。之后，精英层以"停止论""进化论"等为依据尝试推动激进的改革运动。但是，当时的中国人没有注意到应该通过社会运动来检验进化论实践过程中的缺陷性和危险性。根据安东尼·吉登斯的论述，进化论的思想会出现单线压缩（Unilineal Compression）、同相压缩（Homological Compression）、规范错觉（Normative Illusion）、时间歪曲（Temporal Distortion）等危险，应该提起警惕。

19世纪后半叶的中国社会，被卷入了以16世纪西欧出现的欧洲世界经济为契机而形成的近代世界系统。"被卷入"这一认识是中国社会不得已接受了世界的新秩序，不得不遵守世界的新秩序这一衰微和悲哀的历史经验的直观表现。最初，精英阶级却盼望着游离于这样的世界体系，想要忽视其新秩序，但是渐渐发现这样的想法是不现实的，中华帝国已经深深地陷入了这样的新秩序了，最终有了改造传统、创造独特的近代化的觉悟和认识。

洋务运动之后的20世纪初期，围绕近代性的文化、思想论争的焦点还是儒教文化和西洋文化如何融合的问题。也就是说，接受什么、如何接受这样的问题才是中国近代化的关键问题。持有强烈批判儒教文化的观点认为，儒教文化阻碍中国近代文化的创造，如果不打倒儒教文化，创造中国的近代性则无从谈起。重新评价儒教文化的观点则强调儒教文化伦理、价值的普遍性，认为儒家思想与近代性并不矛盾，是创造中国近代性不可或缺的要素。继承洋务运动经验的"中体西用论"以儒教价值为指引，同时又具有相当的灵活性。而与此相对，"变法论"也是以儒教价值观为理论引导。但是，中体西用论和变法论两者在构建中国近代性的初期在对待儒教的问题上有着很大的不同。儒教虽然在新文化运动中受到了猛烈批判，但在那之后又再次高扬了。这样，对儒教的宣扬和谴责在中国近代文化变革中成为思潮循环的转折点。

进入20世纪，中国文化确实存在思想上、文化上的动荡，但"中体西用论"的选择性和操作性，已经成为中国近代性的基调。此后，选择性和操作性，在"中体"和"西用"的组合中，重点向"中体"的重点倾斜，文化上的保守主义或民族主义兴起,以"西用"为重点,文化上的激进主义高涨起来。另外,也有强调支持"西用"的"西体",但是过于强调这样的"西体",也有彻底西洋化的危险。

20世纪初文化保守主义最重要的代表是《新民丛报》派和《国粹学报》派。1910年代,以杜亚泉为首的《东方杂志》派的同人主张以中国文化整合西洋文化。1918年,梁启超在《欧游心影录》中对儒教的未来进行了评价。20世纪20年代初,以梅光迪、柳诒徵等为代表的《学衡》派接受新人文主义,主张"国粹"论。作为文化过激主义者,以康有为、梁启超等为代表的维新派批判洋务派,谋取变法论的意识形态化。五四新文化运动,以陈独秀为首的新青年派又对儒教文化进行了猛烈批判,其中,胡适便是主张彻底西洋化的代表。

从洋务运动到戊戌变法,起到支配作用的近代主义面临着以义和团代表的民族主义的挑战和威胁。近代主义从少数的上层精英开始扩散,在社会的底层没有深厚的根基,所以很有可能会出现倒退。戊戌变法之后,大同思想以及新民说是符合中国现实的近代性主张;五四新文化运动中,陈独秀等人所提倡"打倒儒教"和"社会改造"的主张使近代性的内容更加丰富。五四新文化运动后,在反西洋社会改造的思潮和回归文化保守主义的风潮中,民族主义则成为最有影响力的意识形态理念。同时,在符合中国现实的近代性的具体化中,对中国文化的无意识的倾斜和"知"的框架所解读出的共同性也变得更加明了。

通过对有关文化更新的各种假说的归纳,可以看到近代中国文化创造倾向的转变集中于对儒家文化的态度以及儒家文化与西洋文化的融合问题,应该注重以下几点:

第一,中国近代文化的更新模式可以理解为"传统的内发性"的模式定位。这种文化更新模式中接受外来文化的数量和质量和"传统"再构建、再解释的数量和质量的关系可以理解为,接受"西学"的量和质都不一定多,但通过重新解释"中学"的话,也有可能接受西学的"本意"。

第二,精英阶层对"传统的内发性",以及受容Ⅰ型和受容Ⅱ型这个积极的指向方式的重视来源于文化更新主体性的选择性和操作性方法论。但是,这里隐含着"文化原则"的前提,虽然有着价值选择的多种可能,但是主体性不是没有条件的,而是受限于文化的自律性。所以,不能无视文化更新的自律性。

第三，以上两点对中国近代性的创造起着非常重要的作用。对儒家文化伦理和价值的普遍性进行再解释是近代性本土化的必然要求。这样的近代性虽然与向儒家文化的无意识倾斜的"知"的框架有着近似性，但是仍然在全球化过程中寻求本土情结的一种独自创造。

10.3 传教士的文化参与及其政治影响

文化变革中，文化创造的主体起着决定性的作用，因此有必要对促进中国近代文化创造倾向转变的主体进行分析，而如果就近代中国文化创造倾向转变，亦即文化更新的主体进行考察的话，首先应该探讨西学传入的最初阶段，传教士对西方近代文化的介绍及其政治影响，而为了搞清楚以上问题需要：

第一，重新考问传教士的文化参与对中国近代文化带来了怎样的影响，如何定位反映传教士集团言论的《万国公报》，《万国公报》是否将国际意识传达给了士大夫等精英阶层，传教士对于"中学"有着怎么样的文化折中主义等问题需要重新考证。

第二，传教士如何把握和论述"新学"（西方）和"旧学"（中学）的关系是与从全球化视角下以近代文化对"传统"进行再构建，与中国文化的理念和价值的普遍性、共同性有着必然联系的。因而传教士如何发掘西方文化与中国文化的共同性是他们对中国近代性进行理解的关键点。同时，传教士如何表达新型政治的"共享性"和现实性也成为考察的重点。

10.3.1 传教士的文化参与与近代文化

清末近代文化出现时，作为媒体的定期刊物所刊登的外国信息和中国人所写的有关外国的文献，对中国近代文化的勾画是一种非常有效的手段。当时，外国人出版的外文期刊主要受众是在清朝居住的外国人，当然也包括了很小部分的中国人。通过中文报纸等定期刊物对外国信息翻译和转载，一般的中国人可以间接地读到关于西洋的信息。这些信息从内容来看，包括经济、工商、时事、生活和宗教等各个方面。

从外文期刊信息的来源来看，其发行者和编辑者是在中国居留的外国人或是外国人的民间团体、宗教团体、但是，如果这些出版机构想要增加读者数量的话，就必须用中文出版定期刊物。外国人的个人出版社一般只考虑商业上的利润，而宗教团体在传教的同时，也被要求传播文化。最早的中文近代定期刊物是由传教士编辑、出版的。这样，刊登外国信息的中文定期刊物成为中国人的信息来源之一，这种信息的质和量的扩大化必然会给中国文化带来影响。传教士们的出版物内容除了以上的信息之外，还涉及医学和教育。传教士的文化参与因为还没有形成有组织性的阻挡势力，所以与抽象、想象的近代性相比，更具有视觉性、具象性。

19世纪初，新教的传教士代替天主教传教士，恢复了18世纪中叶遭受挫折的西学传播。在鸦片战争前，清朝周边地区传教士的传教活动十分活跃，出版、教育、医学也作为他们传教事业的一环而稳步展开。传教士的活动展现了文化交流的功能，传教士们并不是单方面地传播西洋文化，同时也向西方介绍了中国的古典、文化、历史、现状和语言等。

鸦片战争以后，传教士的活动以中国大陆的东南部（香港、广州、福州、厦门、宁波、上海）为中心。到1860年，除了宗教相关的出版物以外，也出现了科学知识相关的出版物。教育方面，教会学校的设立是引进近代教育系统的实验场。虽然教会学校具有通过学校来传达福音的动机，但是教会学校的组织、运营、教授法等都在实践中体现了西洋教育制度，对传统的学校制度带来了冲击，为西学的传播、普及、推进，培养了人才和营造了环境。

19世纪60年代以后，西学的接受出现了新的动向。洋务运动开始之前，（京师）同文馆（1862）、（上海）广方言馆（1863）的成立象征着新式国立学校的开始。两所学校都招聘了众多传教士或外国人为讲师，通过这一点可以推测，西洋学校制度的近代性和有效性是得到了清朝政府的认可的。（京师）同文馆、（上海）广方言馆的教学中以外语为先是适应当时的外交体制，也是了解并适当地把握紧迫的国际形势所决定的。但是，这样的学校虽然培养了外交、翻译的专业人才，但是，培养适应近代职业的科学技术人才的学校仍然十分缺乏。近代中国，最早以科学技术为办学目标的学校是格致书院（1876）。格致书院不是国立学校，也不是教会学校，而是由政府要人、精英阶层、留学归国人员、外国人捐助成立的合资学校。教会学校中宗教以外的基础科目和教授法与普通的近代学校没有什么变化，即使是教会学校，其合理的成分也能加强清朝既成的教育系统。而且，教会学校为当时的精英阶层提供了重要的资讯。因此，教会学校不仅被允许存在，其教育体制和教授法以及基础科目还被编入清朝的既成教育系统，为清朝创造了近代学校教育。虽然清朝政府想依靠自身的力量创造近代化，但与传教士们的合作也是中国近代文化创建的一种手段。前者有（京师）同文馆和（上海）广方言馆，后者有格致书院。近代教育的最初阶段（从鸦片战争前后到19世纪50年代后半段）传教士们发挥了先导性的作用。第二阶段（19世纪60年代以后到戊戌变法）中国的知识分子稳步展开了近代教育的实践（学校建设，海外留学）。第二阶段吸收教会学校教育实践中的有益成分为既成的教育系统带来新的风貌，改革以往的教育体制的方案也在这一阶段得以完成。在这一阶段，传教士参与文化的方式与第一阶段不同，更多是从文化的角度发挥作用，而不是只以宗教的角度参与，教会学校的设立得以进一步发展。

19世纪60年代以后，随着传教士文化参与的不断扩大，他们的活动与政治之间产生了深刻的关系。林乐知于1875年在《万国公报》上刊登了《中西关系论略》的文章，作为传教士第一次论述了中国的政治改革；李提摩太（Timothy Richard）于1876年向清朝的高级官员提出了政治改革的建议。这样，传教士的文化活动被士大夫所认可，并不断向政治方面扩展。

19世纪后半期，变法思想宣传的急先锋，正是传教士的媒体《万国公报》。传教士们以其特殊身份接近士大夫，将一般士大夫视为宣传的对象。戊戌变法前，传教士的政治改革论引起一般士大夫的热议，起到了很强的舆论效果。虽然传教士变法思想的传播为康有为等人的变法思想的形成提供了可能性，但康有为变法思想与传教士的改革思想有很多不一样的地方。康有为等人的变法思想是本土性的改良思想，其植根于中华意识和士大夫的儒教价值，因此在一定时期内占有着压倒性的优势。戊戌变法后，以西太后慈禧为首的实权派支持林乐知的政治改革论，而对以康有为为首的变法派敬而远之。但是，传教士政治理论的恰当性已开始被质疑，传教士的文化参与维持到20世纪前半期终于迎来了终结。

传教士的改革论与康有为等人的变法论从根本上便存在着是以基督教还是以儒教为基调的本质的对立。两者虽然都论述了政治改革和变法，但因为存在着这样的根本对立，所以必然存在着差异。传教士的政治观点主要出现在19

世纪末期中国政治改革开始之前，有着作为政治改革倡导者的影响力。但是，如何评价活跃于中国近代舞台上的传教士集团成为考察中国近代文化再建构问题的一个重要论点。而通过传教士的文化参与和政治观点，可以了解中国精英阶层如何解释、选择和操作近代文化。

当传教士进入中国的出版、医学、教育等领域时，不能说没有受到士大夫在文化上的反制，但清朝政府尤其是士大夫们更多采取的是提供给他们实践的机会，以此来发现中国近代化的可能。即使士大夫和传教士的目的不同，也应该有共通的部分。也就是说，即使传教士拥有着宗教至上的理念，更多的是想将西方宗教思想传播到中国。与之相对应，士大夫抱有文化或者政治的目的，想通过传教士的活动更多地了解西方宗教，进而为己所用。士大夫认为，在不平等条约的强烈压制下，传教士的文化参与是无法阻止的，只有沿袭以往的意识形态对之进行解释。当时，士大夫对传教士的文化参与虽然有着警惕的心理，但应对上却十分灵活。

士大夫渐渐发现无法忽视传教士所带来的信息。西方用传教活动这一手段所展现出来的内容不只限于宗教，还包括教育、政治领域在内的方方面面，这引起了士大夫对西方的关注。士大夫认为，如果将传教士的宗教行为视为文化行动，用西方的文化手段替换中国的文化手段，以西方文化的新内容增强中国文化的话，自己所设定的文化或者政治目标是有可能实现的。这种认识可以通过士大夫的文化行为进行解读。

19世纪中期，在上海等通商口岸，已经开始有一些士大夫与西方传教士或绅士一起工作，中国士大夫们通过这样的接触，按照儒教的伦理来审视他们的人格，并认为他们的人格拥有与中国士大夫等同的优点。

沈毓桂在《中西相交之益》一文中曾经说道："善莫善于交友，西士不第学问宏博，品诣纯粹，而一言一行合乎义理，各种学问关于心德，久而能敬，不以贫贱而轻弃之，不以富贵而尊重之。儒书云：与朋友交，言而有信。西士则然矣。"意思是说，交友是比什么都重要的事。西洋的绅士不仅学问广，品格也很单纯，而且其言行符合道理，各种学问与精神与伦理相关联，因此久受尊敬。不会因为贫贱而轻视，也不会因为富贵而尊重。在儒教的经典中说与朋友交往时说话要讲诚信，西方的绅士就是这样的人。

以往，士大夫尽管承认西方的事物是好的，但却无视人种和人种的平等性，还因无知和歧视，妨碍了对西学的受容。现在，按照儒教的伦理观，以更客观的态度对待作为"新学"的西学。从物到人以及从物质到精神的这种转变体现了士大夫对西方认识的提高。这里需要注意的是：第一，因为士大夫的文化倾向与传教士一致，所以才保障了传教士参与文化和政治的外部环境；第二，这里所说的士大夫并不是一般的精英阶层，而是掌握政治实权的上层精英阶层或在文化上有着危机意识的极少数下层精英阶层。掌握政治实权的上层精英人士与传教士的合作是允许传教士参与文化和政治的必要条件之一。而作为想要摆脱文化危机的下层精英阶层的少数存在可以使传教士的宗教活动转变为参与文化和政治，是他们的宗教活动得以实质性展开不可缺少的条件之一。

10.3.2 "新学"和"旧学"

首先要确认"新学"究竟是什么东西。因为对西学的轻视，士大夫用了相当长的时间把中学定为"旧学"，而把西学评价为"新学"。在这种情况下，如实地介绍"新学"，主要是依靠传教士来完成。对于传教士来说，为了实现宗教目标，进行文化参与是具有重要意义的。另外，传教士的文化参与也促进了士大夫对西学的认识和解释。

最初的阶段，传教士们传达的"新学"只能进行一般的理解，或者受限于传教士的知识水平，所以无法反映西学的精髓，只停留在一种概论的层面。在这一阶段，西学被误解为不是什么大的学问，没有引起很大的反响。

西学成为"新学"意味着进入了文化缓和阶段。产生这样的结果与传教士的文化参与度和士大夫的危机意识有关。传教士们的文化参与度的增加支撑了西学成为"新学"，而士大夫的危机意识在把西学定位于"新学"中起了决定性的作用。换言之，士大夫将西学定位为"新学"的文化行为将传教士的文化参与和士大夫的危机意识联系了起来。

中国的近代文化虽然是在文化危机、文化破坏、文化重建等文化现象中建立起来的，但也不只是按照原本设定的路线展开。将西学确立为"新学"，如上文所述，士大夫的危机意识起到了决定性的作用，而其背后有着文化危机日益严峻的深层次原因。而且士大夫的危机意识的觉醒和文化危机的显露来源于少数士大夫的文化反省和自觉。传教士们有组织地介绍"新学",这与士大夫的文化反省和自觉相一致,但并不是传教士所能设想的。"新学"不受阻碍地被迅速接受,"旧学"因此而有可能被抛弃的现实问题,即使在传教士看来也是非常严峻的。

关于"旧学"和"新学"如何联系起来的问题,李提摩太曾经说过:"夫中西并立,新旧迭乘,专尚西学而弃中学者,非也。然笃守中学,而薄视西学者,实属失之太隘。"意思是说,中国的学问与西洋学科并存,在新学问和旧学问交替的过程中,人们对西学极为尊崇,而放弃中学是不行的。然而,严守中学、轻视西学却过于狭隘。

传教士如果倾向于西学受容,就会怀疑是否能保护"中学",提出了要遵守"中学"的建议。在这里强调的是,如果中学和西学两者对峙时,那么选择不应是二选一。正如李提摩太所说:

"夫新法者何?言之曰:横、竖、普、专而已。何为横?我国所重之要学学之,即各国所重之要学亦学之。此横学也。何谓竖?一国要学中有当损益者知之,即自古至今历代之因何而损,因何而益者,亦必知之。此竖学也。何谓普?斯人所需之要学无不兼包并举,可以详古人之所略,并可以补近今之不足。上天所造之物,无不精思审处,不使有扞格之难通,并不使有丝毫之未达。此普学也。何谓专?专精一学而能因事比类。出新解至理于所学之中,莫不惊其奇而说其异。此专学也。是则新学之大纲也。"

以上的言论是在同等对待"新学"(西学)和"旧学"(中学)的基础上,对学问提出了四个方面的建议:第一点从学问的"横向"来看,认为只要是重要的学问,无论是中学还是西学都具有同样的重要性;第二点从学问的"纵向"来看,特别强调"中学"的重要性;第三点从学问"普"的方面来说,要超越"新学"和"旧学"的境界,兼收并容,"普"暗示应该接受西学,在向士大夫推荐"新学"时有着重要的意义;第四点从"专"的角度出发,赞许了"新学"所提倡的实证、合理精神,认为"专"在"中学"已经消失,而从根本上来说"中学"就缺乏这样的实证性,而"格致"(科学)是最具实证精神的,可以用来恢复或者完善"中学"本来的精神。

这些建议强调"中学"的地位,对于具备"中学"的教养,而对西学了解较少或者完全不了解的普通知识分子来说，具有很大的说服力。这样，如果士大夫能接受新的学问的话，就会通过引入"新学"来引导近代文化的重新构建。

在学习"新学"的同时，如果不重新审视自己对学问的基本态度的话，是很难充分地利用好"新学"的。如李佳白所说："又请观于华人之智能，事事远不逮古人；西人之智能，事事直突过古人。"

与其把"新学"当作单纯的学问，不如把它当成实学。推介"新学"与士大夫的经世思想并不对立，反而有着微妙的一致之处，因此新学被接受也无可厚非。传教士推介"新学"的动机和士大夫接受"新学"的动机虽然有所不同，但是通过两者的对话，可以看到彼此的理解性文化行为中存在着相互融合的可能。在这里，把"新学"作为功利手段的士大夫的动机，和把推介"新学"作为宗教传播中间目标的传教士的动机达成了共识。也就是说，由传教士推荐的"新学"和士大夫所接受的"新学"的共鸣之处，扩大了文化变革的范围。让传教士感到不可思议的是，他们的态度竟然与士大夫的态度不谋而合。在传教士的认识当中，西方文化和中国文化有着异质性和同质性。在文化接受的情况下，不应没有选择地一味吸收西方文化，而应该接受以实学为首的西洋文化的合理成分。也就是说，中国文化暂时回避西方文化的异质性，基于同质性吸收西方文化。而实学方面是不分东方还是西方的，异质性和同质性基本一致。中国人所认识的实学和西方人所认识的实学不仅可以共享，也是世界共通的学问。正如李佳白所说："盖实学本两间之公理，为万国所共学，即非一国所可遗。"

因此，从传教士的角度来看，西方的实学和中国的实学有着同质性和同一性。实学是公理，无论哪个国家都应该加深研究，扩大成果。实学之外的西洋文化又当如何呢？这不能说是与中国文化的价值和理念完全矛盾的。如果所有的价值和理念都发生冲突，近代文化就不能具有共通性，中国的近代化也不可能实现。也就是说，中国文化和西洋文化虽然具有异质性，但还是存在着同质性或同一性。

一些精通"中学"的传教士有倾向于中国文化的一面，因此在以上的论述中表现出了他们在推介"新学"时灵活的态度。但是他们中也有人认为，中国文化很多的部分是不适合于新出现的近代文化的。"中学"的价值、理念、规范、法律、伦理、道德、礼仪等，哪部分符合近代性，哪部分不符合近代性，需要一个判断标准（西方文化的价值标准或中国文化的价值标准），随着情况的变化，有可能出现不同的结论。

在推介"新学"的同时，传教士又展现出新学与"强国富民"的关系。如李佳白说道："诚讲新学，则农有机器以尽地力，官得矿产以济国用，通商惠工以交易有无，国岂患贫？"这里强调引进机器、矿业、通商作为富国的手段的优点。引进机械是没有任何问题的，但矿业和通商则涉及国家主权的问题。虽然矿业和通商在理论上有利于国家利益，但在清朝复杂的外交和内政的框架下却显得举步维艰。然而清朝末期，因为有来自外部和内部的压力，政府的管制进一步加强，想要实现"强国富民"的政治目标，这样，"新学"所可以实现的"强国富民"作为政治指标和共同的政治理念受到了关注。从某种意义上说，正是在经济全球化的基础上，发生了政治或文化上的变化。

10.3.3 新政治的共享性和现实性

"新学"的共享性中如何描述新的政治与对近代国家的认识和解释密切相关。李提摩太的说法有着重要的代表意义。他说：

"及生齿浸盛，糜费浸多，财力浸薄，厥有恫瘝在抱之绅士，恶国家之仍以威势压民，而不顾民之疾苦也，群起而与国抗。各国不得不分予以权，遂有任民公举贤才，以充议员之律。其分权之尤广者，甚至比户皆可举官。此为内治之新制。夫比户既有举官之权，而无学问以导之，不几虞其乖张而灭裂乎？故振兴学校尤为当务之急。迄于今，诸名大国定例，男女不论贫富，及岁时，必令人入塾读书，违则加以惩罚。盖彬彬乎桃李盈门矣。"

以上是围绕着近代国家分权进行的论述。对于现有的高度集权政治，民众的力量开始运转，结果，民众获得了政治权力，并通过选举参与国家政治。这就是所谓的新政治。但是保障这样的政治改革是一种学问。国家权力分化相关教育的重要性成为焦点。学校教育的普及最受各国重视，这种国家教育的引入成为新政治的一个环节。这一论述在当时引起了很大的反响。在以上的说法中所提到的西方已经完成了讨论的阶段，开始将国家分权变为现实的政治形式。而很早以前中国就已经出现了分权概念相关的民权思想、民本思想，黄宗羲的《明夷待访录》和王夫之的《王船山遗书》都有所论述。但是，他们的讨论并没有直接与新政治联系起来。在某种意义上，以他们为首的士大夫都曾经和西洋一样创造出过"新学"，但并没有将之引向政治行为，也就没有创造出新的政治。这涉及如何用学问指引政治的问题。即使创造出了相同的学术内容，也未必能够得到相同的政治结果。西方通过"新学"引发政治革命，形成了新的政治，而中国，"新学"虽然确实被创造，但旧政治仍然延续。

如以上所述，教育是创造新政治最有效的手段。而一般国家掌握着教育的主导权。新的政治的出现需要国家用法律制定义务教育制度，鼓励男女同校，消灭贫富差距导致的教育差别。国家将教育当作实现新政治的手段是所谓西方的新政治和教育的关联性。这样的关联性也触及了当时清朝的政治和教育。

清朝引进近代化的教育立法制度，科举考试制度承担着官员选拔的功能，但是对于近代国家来说，科举制度存在着缺陷。清朝的教育体制基本延续前朝，没有进行新的改革。在很长一个时期里，从地方到中央，设立各级学校，建立公平的考试制度，得到了好评。但是这样的教育制度不但不能有效地培养近代国家的"国民"，反而成为实现近代化的绊脚石。

如汤成烈在《皇朝经世文续编·学校篇上》中写道："自明科举之法兴，而学校之教废矣。国学、府学、县学徒有学校之名耳。考其学业，科举之法之外无他业也。"他认为，明朝的科举制度成立以后，学校的教育就被废除了，各级别的公共学校（国学、府学、县学）只是名义上的学校，其学业都是为了科举。可见在当时的清朝，科举制度将教育和政治联系起来，这种国家主导的"选举"（政治）和教育关联性虽然形式上与西洋有相似之处，但其内容却截然不同，其结果也不能将新政治和教育联系起来。清朝政府也没有将教育普及放到政治指标的位置加以重视。同时，汤成烈认为"教化"思想体现了民众一般教育和政治的关联性，对民众的教化比宗教的力量更能呼吁他们的政治力量。他说道："孔子论政，富而后教，此王道施行之本，有尧舜禹汤文武相承为治，未有不以学校为先务者也。"以"教化"民众为基础的教育，虽然与政治有关，也不会给民众参与政治的机会。以前的教育只能在公共学校培养少数精英。

而近代西方国家建立了以传统教化为基础、国民教育为手段的教育体制，进而建立了近代国家的新政治。如李提摩太所说："泰西各国有时以教民、新民为大事。……至近百年之内，则以教民兼养民、安民为大事。""教民"是指在欧洲中世纪，为了借助宗教的力量教化民众，成为未政教分离的政治统治的工具。"教民"也意味着教导民众。所以，在欧洲，历史上的"教民"意味着这两种情况。"新民"思想是"大学"的概念之一。本来，"新民"指的是被教化的民众。"养民""安民"的思想对中国人来说并不新鲜，它包含在儒教的"仁"之中。"养民"来源于"政在养民"（《尚书·大禹谟》）。"安民"是来自"安天下之民"（《孟子·梁惠王下》）。

李提摩太将"教民""新民""养民""安民"设为共同的政治理念，并将"教民""新民"定为传统政治理念，把"养民""安民"解释为近代政治理念。但是，如何解释传统的"养民""安民"是问题所在。因此，同样的"养民""安民"可以分为可实现型和理念型，这符合历史或一般的事实。并不是可实现型的"养民""安民"代替体现着旧政治的理念型"养民""安民"，而是给现有的"养民""安民"的政治理念赋予新的政治意义。这样，在类型的内部转换过程中，可实现型逐渐转变为理念型并固定下来，理念型则根据可实现型的要求进行修正。

在近代欧洲，一个国家的政治发生改变的同时，促使国家之间均衡发展的新的国际政治格局也得以建立，同时也制定了全世界通用的法律。在这种动态中，新的外交体制在反映新政治的同时，在国家制定政治发展蓝图时，也成为重要的指标之一。对于最体现"新学"的新国际政治，传教士认为："创造万国公法，以弭强凌弱众暴寡之乱萌。……此为外交之新制，各国既不必遵凭权藉势之皇律，而不可无因时制宜之国律。"

在近代的国际秩序下，《万国公法》成为近代国际政治的规则，迅速扩展到了欧洲以外的国家。在新的国际秩序中，虽然形式上强国和弱国之间都是平等的，但实际强国以强权支配弱国。从绝对主义国家到国民国家转换的过程中，绝对主义国家随着军事力量的增加，其军队的职责已经不再是对内维持秩序了。而《万国公法》正是为了阻止军事力量无休止地蔓延而制定。但是，《万国公法》制定以后，虽然各种各样的国际公约层出不穷，但最终还是未能避免世界大战的爆发。正如传教士所说的一样，像《万国公法》这样的东西并不能防止强国欺凌弱国。

尽管如此，传教士的新国际政治言论对士大夫而言还是颇具重要意义的。

这是因为面对新的国际政治的形成，仍然没有新的国际意识，认为只有中国的"天朝秩序"才正当合法的士大夫还很多。

外交新秩序的出现与欧洲国家的新政治紧密相关，这样的新政，以"新学"为契机而形成。传教士所宣扬的政治观点，对于士大夫来说是新的。之前所没有的新政治到底是什么，支撑它的又是什么，这些都是传教士需要对中国人进行介绍和解释的课题。中国和西方之间的外交摩擦，从某种意义上说，正是源自西方的新政治和中国的旧政治之间，也就是绝对主义国家和国民国家之间的冲突。新的国际秩序虽然取代了原有的册封制度，但仍然没有得到充分正确的认识，中国的外交常常从这种新的秩序中脱离出来。

因此，对于传教士来说，一方面需要解释新国际秩序的真正意图，另一方面需要把新政治和"新学"的内在联系进行重点介绍。作为传教士文化参与的重要环节，宣传新政治和"新学"的联系的目的是改变中国的现状。但是，从对传教士现状的评价和推断来看，是否属于旧式政治，完全是从传教士等西方人的立场来进行评价，因此，其评价的中立性和公平性值得推敲。

10.4 近代化中儒家价值观的再认识

如何保护文化更新中本国文化的理念和价值，对于士大夫而言，是至关重要的问题。如果想要维护本国文化的理念和价值，必须考虑手段本身的合理性和实际操作的可能性，手段的选择便成了其中的要点。众所周知，儒家文化的价值观是中国近代以前根深蒂固的本体价值观，而中国近代文化构建过程中对儒教的理念和价值的处理应该围绕以下一些方面展开讨论：

第一，文化转型中维护本国文化应该辨明，什么是本国文化中不可改变的东西，能否主张本国文化的"普适性"。

第二，本土文化中的理念和价值有这些不能改变的成分，或者存在着"普适性"，如果从文化的"自律性"中抽离"绝对性"，将其作为士大夫的文化原则这样的文化再解释成立的话，适应于文化更新的文化环境能否促进文化更新所设定目标的达成。

第三，如果能够理论上证明"文化原则"的操作性，就可能消除过分吸收不同文化的问题。换句话说，将会发现引进不同理念和价值的现实性。

10.4.1 本土文化的"普适性"

传教士的文化参与对中国文化的变革有着积极的作用。在这样的文化背景下，没有士大夫能以中国文化的理念和价值来与西方或近代的理念价值进行对决。虽然重视近代西方的理念、价值的士大夫很少，有着危机意识和国际意识的少数士大夫，已经了解了现实的残酷性，开始思考如何引入传教士传播的西方文化、危机之中的中国文化应该如何生存下去、儒教的理念和价值这一至上信仰的保护能否实现等文化价值相关的诸多问题。

传教士对西方理念和价值的解释偏向从宗教理念和价值的角度出发，他们解释的正确性本身就值得商榷。另外，也存在着这样的可能，即当时的士大夫把传教士所介绍的西方知识和给中国社会的建议看作一种新奇的学问而进行吸收。

从文化的层面上来说，对最初传教士介绍的西洋文化，士大夫们采取的文化接受的态度并不是十分积极。郭嵩焘、刘锡鸿、薛福成、宋育仁等士大夫作为外交官被派遣到西方，将自己的所见所闻用日记的形式展现出来，成为中国人对西方理念和价值的最早介绍。他们完全不懂外语，不能利用自身体验加深思考，只是站在中国文化的立场上保持与西方的理念和价值的距离，对西方文明更是冷眼相待。

王韬长期旅居海外，不像郭嵩焘等外交官那样被公职所限，只是作为"近代知识分子"来切身感受西方文化。而且，王韬接触传教士比郭嵩焘等高级官僚要早得多，这样看来，王韬更能从"文化论"的观点认识西方理念和价值，并做出重新构建儒教理念和价值的尝试。但是王韬的言论有超越现实的一面，其正当性和合理性也得不到长久的认可。

虽然与王韬不同的士大夫不能充分地解读西洋文化的理念和价值，但是他们在思考近代文化重新构建的时候会将如何认识、如何评价西方文化和中国文化相冲突的价值和理念，作为重要的视点。通过少数派士大夫的言论，也可推测当时士大夫所采取的一般文化行为。

将国内传教士和近代精英阶层的言论与郭嵩焘在内的国际派士大夫的言论联系起来的话，可以发现一些共通的东西，这也提示了近代文化的一个侧面。

士大夫和传教士的主张都出现了中国文化中不能改变的成分，到底意味着什么呢？如果无法改变的东西是被设定好的话，那么对于他们所认定为不可改变的东西到底是什么这个问题是十分重要的。文化中一般无法改变的是作为文化属性的文化理念和价值的绝对性，但如果对它进行操作，就会成为文化原则。这样的话，文化原则在文化转变过程中，可以与文化的自主性进行同步，并可以操纵文化转变的倾向。

10.4.2 中国近代化的文化原则

在构建近代文化时，如何把握观念性文化和制度性文化的创新和有效性是非常重要的问题。士大夫并不是直接引进近代文化，引进的只是他们认为已经确定的东西，并本能地排斥会动摇中国本土文化根基的东西。也就是说，士大夫的文化行为一定与指向型文化相联系，在其过程中发挥作用的是文化原则。

文化原则并不是在文化行为的所有领域中发挥作用，而是在文化行为的某些领域内在一定程度上发挥作用。虽然文化原则与文化的自主性有关，但也不意味着文化原则就是文化的自主性。在这里所说的文化行为，在狭义上指的是文化接受这一文化行为，但在广义上指的是一般的文化行动。因此，文化原则的强弱限定了文化行为，文化行为有时也会要求更新文化原则。

但是，这样的文化原则和文化行为的关联性，即使确实存在，但有时会暂时显露出来，有时会因为情况的复杂表现不太明确。因此，如果想明确地解释文化行为和文化原则之间的关系，就需要与作为文化原则发源地的文化转变的自主性产生关系。在这里，作为文化转型的自主性之一，合理地操作文化的理念和价值的绝对性和相对性，是有可能创造出新的文化的。文化转型过程中，从反映文化理念和价值的相对性和绝对性的文化自主性中抽离出文化原则，而且使之与文化环境相适应，那么文化主体（士大夫）的文化行为，一方面坚持了文化原则，另一方面在遵循文化原则的基础上，体现出灵活多样的优点。

文化的理念、价值的相对性，是指文化的理念和价值不是不变的，而是随着时间的变化而变化。随着时代的变化，内部文化也要求进行内部更新，在内部文化与外部文化共同存续的文化空间可以找到内部和外部两种文化的共通性。文化理念和价值的绝对性，并不是说文化理念和价值完全不变化，而是不以时间为变化依据。将内在文化的性质与外部文化的性质对比，可以发展它们之间的异质性，参照这种异质性可以对内在文化的性质进行界定进而保护内在文化。认可相对性可以保障文化接受在不引起巨大冲突的情况下进行。与此相对，主张绝对性可以对文化转型的过程起到引导作用。这样，文化的理念和价值的相对性和绝对性以及文化原则的问题可以看作是与文化转型模式密切相关的。如果撇开文化原则，文化理念、价值的相对性将无限扩大，文化理念、价值的绝对性有可能会被忽视，最终，可能威胁到中国文化的基础。因此，强调文化原则的是中国士大夫面临西方文化时，重新认识本土文化、正视西方文化接受过程中所出现的困难而产生的必然措施。但是，为了防止有可能任意行使文化原则的事态，要对文化原则进行相关的验证。

19世纪后期，关于文化转型的社会思想，本末论、道器论、中体西用论都是基于如上所述的文化原则、文化理念和价值的相对性和绝对性。本末论、道器论、中体西用论各自出现的背景各不相同，但它们都是以文化转型的文化原则为前提，并充分重视文化理念、价值的相似性和绝对性的辩证关系。大概每十年，中国近代文化原则的重点都会发生变化，这充分反映了当时中国社会现实的严峻。在洋务运动开始后，一方面政策目标的中心放到了以强国富民为中心，功利文化行为的出现不可避免；另一方面文化基础处于动摇的状态。这样，文化的理念、价值的相对性被单方面，在放弃自觉和反省文化原则的情况下，强调文化的价值和理念的绝对性是对文化行为的偏向进行修正的唯一办法。另外，传教士的文化活动参与也体现了文化原则、文化理念和价值的相对和绝对性问题。

文化原则有理念型和可执行型两种类型。如果文化原则是理念型，就意味着固守文化理念和价值，并以之为实行的模型。如果文化原则是可执行的类型，则不应该固守文化理念和价值，存在着在新的情况下进行对文化理念和价值进行重新解释的可变性。另外，在把握作为文化行为必需条件的文化原则的同时，也应该把握文化原则与作为文化行为一般条件的文化理念和价值的相对性和绝对性的辩证关系。这是因为文化理念和价值的绝对性如果被无限放大的话，将会切断其与外部文化空间的联系，妨碍文化行为的实施，进而阻碍文化内在更新的展开；而文化理念和价值的相对性被扩大的话，不仅威胁到文化理念和价值的存在，而且，文化理念和价值的相对性和绝对性的关系不能只在文化行为的范畴内进行解释，也会涉及政治行为如何解释的问题。如果不考虑文化理念和价值的相对性和绝对性的关系，或一味单方面操作文化理念和价值的绝对性，则文化形态会与极端的政治行为联系起来，与之相应，如果文化行为在政治上遇到困难，文化理念和价值的相对性和绝对性的相关性将会被适当地修改。也就是说，在这种情况下，如果将相对性和绝对性的辩证关系从绝对性修正为相对性，则文化行为有可能演变为合理的政治行为。

文化原则、文化理念和价值的绝对性和相对性的性质可以进行以上的概括，文化形态则可以考虑为两种情况：一种是在内在文化层次上进行的文化活动的情况，另一种是内在文化和外来文化相结合，在"文化转型"的层面上发生的文化行为的情况。

在文化理念和价值的相对性和绝对性相关认识不断扩散的情况下，文化原则如何被认识成为重要的争论点。如果想遵守文化原则，那么对于中国文化，只能从重新认识儒教的理念和价值出发。19世纪后期，文化的理念和价值的相对性和绝对性的相关关系以及文化原则的觉悟是涉及文化属性的重大问题，所以经常被提及。

文化原则的提起可以追溯到洋务运动前，冯桂芬在《采西学议》中曾说"以中国之伦常名教为原本，辅以诸富强之术"，即以中国的人伦和礼教为根本，用外国的富强之术进行补充。19世纪60年代和70年代，精英阶层只认可西方文化的实用性和技巧性，进入80年代之前，围绕西方文化和中国文化的理念和价值的争论的中心并不是西方文化的理念和价值的引入和倡导问题，而是在这一过程中文化原则如何保护和重新确认的问题。

以郭嵩焘为首的士大夫在洋务运动中加深了对西方文化的理念和价值的认识，同时，重新提起了文化原则的问题。文化原则的自觉，在文化冲突不可避免的情况下，被认为是对异文化的本能反应。因此，在接受西方文化时，对士大夫来说，儒教文化的理念和价值的自觉成为附带的先决条件。从当时士大夫的说法来看，他们考虑的是在以后的儒教文化中如何定位西洋文化的问题。儒教文化的核心可以概括为以伦理至上为导向的文化价值，与以西洋文化的法制至上为导向的文化价值如何并行并以西方文化补充儒教文化这一问题经常成为争论的焦点。受到文化接受要求的士大夫起初认为在政治统治方面的西方的法律和儒教的伦理从根本上是对立的，强调中国的政治统治的理念，即以儒教伦理为原则的政治统治的合理性,并将之理想化。如郭嵩焘所说"三代有道之圣人,非西洋人能及也"①,即在夏、商、周三代的有道圣人不是西方可以匹敌的。刘锡鸿则认为:"圣人之教,仁义而已。仁者,人心固有之纯善。义者,处事自然之条理。仁义之道,矢之于口,则为嘉言;践之于身,则为懿行;而其大用,则维持夫君臣、父子、兄弟、夫妇、朋友之五伦。"②

受道理至上的原则的指引,夏、商、周三代的圣人认为政治要用"道"来进行指导,对中国的政治统治理念进行了正当的评价。而且,作为儒教伦理本质的仁义,是中国政治统治合理性的支撑,它是人类内心普遍存在的,是一种自然法则。除了仁和义以外,礼、智、信三德也很重要,由这五德组成的"道"是中国文化的核心。因此,仁义作为儒教文化(中国文化)的理念,拥有不变的价值,如果以这种理念和价值来行动,君臣间的义、父子之间的亲、长幼间的序、夫妻之间的别、朋友之间的信也将继续维持下去。重视道德的"三纲五常"是儒教文化的理念和价值,同时也是一般行为的价值取向。

除了仁、义、礼、智、信外,忠、孝也作为基本伦理,成为中国文化的核心。仁、义、礼、智、信、忠、孝作为中国文化的基本伦理,如果将其规定为上位伦理,那么仁、义则可以被视为其中更上位的伦理。而温、良、恭、俭、让等德行作为儒教文化(中国文化)的一般道德,可以定位为下位伦理。

中国的统治者在意识形态上强化了儒教文化作为文化的理念和价值,将儒教文化定位为独尊的正统文化,事实上儒教文化也作为真正的主流文化,有机会与中国文化成为同义词。中国文化(儒教文化)的理念和价值中存在着构成文化本质的最高伦理,形成文化中心的上位伦理和构成文化基础的下位伦理。认识和维护文化原则是与文化理念和价值的本质部分和核心部分相对应的,儒教文化的再认识和保护无疑是最重要的。

Max Weber曾经说过,将儒教伦理作为近代文化的普遍价值进行再确认和重新解释,是中国的近代性的核心部分。儒教文化的理念和价值并不是与近代资本主义直接产生关系的③。小笠原真则认为儒教文化也不一定是阻止近代资

---

① 郭嵩焘:《伦敦与巴黎日记》,引自钱锺书主编《郭嵩焘等使西记六种》,三联书店(1998),第190页。
② 刘锡鸿:《英轺日记》,引自钱锺书主编《郭嵩焘等使西记六种》,三联书店(1998)第250页。
③ Konfuzianismus und Taoismus, Verlag von J. C. B. Mohr(Paul Siebeck), 1947。木全德雄訳:《儒教と道教》,創文社(1971),第377~422頁。

本主义发展的因素,应该正确评价它与近代资本主义的相关性①。沟口雄三也认为,不拘泥于以往的欧洲近代这一框架,提出折中的立场,从思想上考虑,存在着中国文化的另一(特殊的)近代化②。

不管是对儒教文化的理念和价值进行否定评价,还是肯定评价,将儒教文化的理念和价值作为一种要素纳入中国近代文化,是由中国文化的属性来决定的。但是在新情况下重新解释儒教文化的理念和价值的方法论,可以促使将儒教文化作为近代文化的一个要素进行再构建。19世纪末期,重新解释儒教经书的动向便是一种尝试。其起点是清朝初期将学问从绝对权威中解放出来,培养实证的精神的古典研究复兴运动。这样的古典复兴(重新解释)是"新一代的理想,新一代在古典中被发现的理想"。诚如中村元所说:"受新时代的理想,即用新的时代来解读古典的理想的鼓舞。"③

10.4.3 异质理念和价值进入的现实性

意识到"德"作为中国的文化原则时,儒教文化面临着空前的危机,这是不言自明的。这样的危机要求以文化原则为前提,在中国的文化结构上创造出引进其他文化的理念和价值的余地。因此,不同的理念和价值的引进是不可避免的,并成为迫切的现实问题。这已经超越了以往的分离、并行的非构造性的范畴,越来越近的文化转变已经渐渐成为事实,因此危机中蕴含着重新构建中国近代文化的契机。

中国文化的结构中,引进模仿西方文化(近代文化)的理念和价值,并且与中国文化(儒教文化)连接并不是以无媒介的方式逐渐发展的过程。文化危机因为戊戌变法这一政治斗争的失败更加显露,文化转型在政治过程中被限定。以这种情况为基础,如何减少文化原则的脆弱性,并不是单纯的文化性问题,也不是政治过程的主动性问题。作为政治家的士大夫的选择和判断在这个意义上来说是一种构造文化空间的操作。

在不能以旧有的形式坚守伦理至上的理念和价值的情况下,基于中国的文化原则对西方文化(近代文化)的理念和价值,通过变形、选择、替换进而接

---

① 小笠原真:《近代化と宗教——マックス・ヴェーバーと日本——》,世界思想社(1994),第113~121页。
② 沟口雄三:《中国前近代思想の屈折と展开》,东京大学出版会(1980),第45~46页。
③ 中村元:《东洋人の思惟方法2》《中村元选集第2卷》,春秋社(1961),第234页。

受，正是以适当的形式加强儒教文化的理念和价值。如果这一过程具有现实性，那么参照西方文化（近代文化）的理念和价值对儒教文化的理念和价值进行再解释是具有重要意义的。以郭嵩焘为首的少数士大夫正是有着不拘泥于伦理至上理念和价值的态度，指出了西方法制至上理念和价值的合理性。

郭嵩焘说过，"圣人之治民以德，德有盛衰，天下随之以治乱。德者，专于己者也，故其责天下常宽。西洋治民以法。法者，人己兼治者也，故推其法以绳之诸国，其责望常迫。其法日修，即中国之受患亦日棘，殆将有穷于自立之势矣。"郭嵩焘比较了中国的德（伦理）和西方法律（法制），并指出西方的法律比德的理念更具有通用性。他虽然对西方法律的优点进行了评价，但发现了西洋的法律中隐藏的扩张性和威胁性，认为西方势力有可能会危及中国的自立。

郭嵩焘还认为《万国公法》是反映西方法律的通用性的概念，说道："西洋以智力相胜，垂二千年。麦西、罗马、麦加迭为盛衰，而建国如故。近年英、法、俄、美、德诸大国角立称雄，创为万国公法，以信义相先，尤重邦交之谊。致情尽礼，质有其文，视春秋列国殆远胜之。"薛福成根据现实情况，指出中国文化的理念和价值的缺陷，评价西方文化的理念和价值的合理性。结果表明，西方文化（近代文化）的理念和价值的合理性是中国文化的一要素，并认可了儒教文化的理念和价值。除此之外，他还找到了建立西方文化（近代文化）不可缺少的商人的作用，并对中国"士农工商"的社会阶层的秩序进行了质疑。对于商人阶级的社会阶层的定位和其社会作用，做出下面的言论：

"夫商为中国四民之殿，而西人则恃商为创国造家、开物成务之命脉，迭著神奇之效者，何也？盖有商，则士可行其所学，而学益精；农可通其所植，而植益盛；工可售其所作，而作益勤。是握四民之纲者，商也！"薛福成肯定了把商业作为国家和家庭根本的近代西方价值观，在西方价值观里商业应该成为社会阶层的最上层，在对商业很大依赖的前提下，认识到士、农、工的社会作用和职责，指出了儒教社会的社会秩序的合理性。以此来评价儒教的普遍价值的合理性，同时谴责儒教政治理念的社会秩序的非合理性因素是清朝士大夫的价值判断的两义性所经历的令人痛苦的选择。

在重新构建近代文化时，将儒家文化的理念和价值从文化的理念和价值的绝对和相对性抽离，并将其作为文化原则反馈于文化环境，进而对文化环境进行接近文化目标的操作已经得到了验证。文化原则是文化转型中的文化行为的必要条件，但在整个领域上没有发挥作用。一方面坚守本国文化的理念价值的文化原则，另一方面，则扩大了引入外来文化的理念和价值，即扩大文化转型的文化空隙。

第11章 "创造性古典主义与融合"文化创造理念的提出

本书基于对文化创造力的内涵和现实表现的理论分析,考察了中日近代前的文化创造力的不同表现,推论中日两国文化创造的传统倾向:中华文化呈现出强大的独创和同化倾向,日本文化则更多地体现为受容倾向即复制和再创造。进而认为近代以来两国文化更新的差异与两国文化创造的传统倾向紧密联系,在近代中心文化迁移的背景下,原本有着很强独创能力和同化能力的中华文化在近代化转型中出现未能及时调整文化创造实现的方式和路径,文化创造力的转化出现了滞后,造成了中国一百多年饱受欺凌的历史;而日本则能够较好地融合西方文化建立起近代日本文化,从而步入了先进国家的行列。当前世界文化呈现出多元一体的格局,一个国家文化创造力的提升很大程度上取决于在挖掘文化传统内发创造性的基础上,借鉴他文化进行再创造的能力,正所谓博采众家之长为我所用。基于以上分析,本书提出了创造性古典主义与融合的文化创造理念,以期对当前中国文化创造力的复兴和整体提升起到一定的指导作用。

11.1 创造性古典主义与融合符合多元文化下中华文化复兴的要求

创造性古典主义与融合首先是建立在全球化背景下文化的多元理解之上。随着全球化的不断加速,"地球村"逐步形成,多元文化及各种文化深层次的价值观都在产生着接触、争执、冲突和融合。简单的一元论、二元论、冲突论以及多元论都不能充分地解释和说明当前多元文化交融的格局。而创造性古典主义与融合关注的是多元一体的文化格局。多元一体的文化格局中,多元文化和价值观的相互接触在广度和强度上都是之前无法比拟的,并且相互的联系也十分紧密,多元文化之间既有共同发展的契机,也有此消彼长的冲突,既有人类文明整体发展的共同愿景,又有各自文化发展的利益要求。从多元一体文化格局的总体来看，中心文化虽然不像之前那样明显地表现为近代以前各文化圈的中心文化，以及近代以来的霸权主义、文化帝国主义等形式，但在相当长的一个时期和范围内，西方文化价值观的优势地位不容忽视。

多元一体文化背景下，中华文化的复兴已经上升为中国发展的国家战略之一，中国提出了建设文化强国，增强全民族文化创造活力，实现中华民族伟大复兴的"中国梦"[①]。创造性是当前中华文化复兴的关键和奋斗目标，一个民族和国家的发展取决于其创造力的发掘和现实转化，应该关注一切创造力的源泉，开创全民族文化创造活力持续迸发，稳步提升文化创造力。创造性地发掘和现实转化需要在古典主义和异文化融合中寻找力量源泉、丰富创造力转化的路径和实现手段。这里的古典主义不是一味地复古，关注的是中华文化传统自我更新的内发性；融合不是简单的拿来主义和中体西用，关注的是动态的文化受容。也就是说，创造性古典主义与融合提倡传统内发前提下的他文化借鉴及再创造。传统内发和积极受容是两个支点，两者相互联系，相互补充，彼此为条件；传统内发是载体，积极受容是动力，少了任何一个都不能实现文化的再创造。创造性古典主义与融合可以加强文化自信、激发文化自觉、确立文化自立、维系文化安全，对文化创造力的整体提升、中华文化的复兴有着现实的指导意义。

11.2 创造性古典主义与融合注重传统内发性

中国五千多年的历史进程中无处不在地体现着中华文化的传统内发性，各个领域的发展都充分体现着中国自力更生的创造精神，农耕文化的发源、发展，诸子百家学说的出现，儒家文化的形成和发展，以及近代的文化更新，中华思想的形成等概莫能外。但是我们可以看到在近代之前的历史进程中，中华文化很长的时期里处于东亚区域文化乃至世界文化的中心，因而可以比较从容地将文化的传统内发性转化为强大的文化创造力。而近代以来，随着文化优势地位的丧失，中国文化的传统内发性的创造性转化受到阻碍，面对西方文化的冲击显得无所适从，尤其是在近代的新文化运动中出现将儒家思想等传统文化全盘否定的情况。而日本却是立足于文化传统的基础上，结合外来文化先进成分，

---

① http://www.cnrencai.com/zhongguomeng/89523.html.

并发掘传统文化的创造因子，构建了日本近代文化。

而在全球化的今天，中国的发展其根基仍然在于中华文化的传统，因而创造性古典主义与融合的提出仍然是以古典主义为中心，这本身就意味着以传统内发为文化发展的核心，它是一个民族发展的方向指引和力量源泉。古典主义是从中国传统文化中探索创造因子，是对传统的批判性继承，不是一味地盲目复古和照搬经典。传统内发本身就有着去除旧质、吸收新质的趋势，从中国的传统文化中发掘中国发展的内部动力，必然是一种去旧出新的过程。古典主义需要认真地研究中国文化创造的历史进程和规律，从中发现中国文化创造力的发展方向。例如前文所探讨过的天朝思想或者中华思想，充分显示了中华文化的强烈自信，但明清时期封建王朝却仍然以这种心态盲目自大，错失了文化更新的先机，导致了近代以来中华文化转型的滞后。然而，百年的屈辱史并没有使中国人丧失对文化创造的信心，在当前的时代背景下，古典主义要求做好对文化创造传统的扬弃和调整，尤其是当前文化多元一体的时代背景下，在不能够同化其他文化的情况下，应该做到尊重其他文化，并积极借鉴，去伪存真，不断创新；古典主义要求将中国传统的文化创造与人类文明发展方向相结合，认清文化创造的内外环境，激发文化自觉、增强文化自信，进而提升中国的文化创造力。例如，中国农耕文化中的"天人"思想对当前中国经济结构调整、发展模式转型、生态经济创建都有着现实的指导意义；中国传统思想中的自强不息、刚健有为的精神可以有效地抵御外来糟粕思想的侵袭，促进社会主义核心价值观的建立和践行，而厚德载物、兼容并蓄的民族精神则早已经被运用到中国外交政策当中，今后也将成为中国应对多元文化交融状态的一个准则；中国传统文化中"仁、义、礼、智、信"的美德应该得到继承和现代意义上的诠释，从而使之成为新时期中国文化创造的行动准则和价值追求。

11.3 创造性古典主义与融合注重积极的文化受容

多元文化长期并存、相互交融的文化格局下，文化受容对文化创造力的实现发挥着前所未有的催化和支撑作用。创造性古典主义与融合一方面需要将文化创造建立在中华文化传统内发性的发掘和转化上，另一方面又需要积极充分地借助外来文化的有益成分，进行文化的再创造。通过前文的考察，我们可以看到,日本文化创造力生成和发展的进程本身就是一部不断接受外来文化并进行文化再创造的历史,不管是语言文字还是稻作经济的发展,抑或近代的君主立宪制都能够很清晰地在他文化中找到原型。在对异质文化的受容方面,因为文化的边缘性,日本往往对异质文化中的先进创造性成分十分敏感,并能够选择积极的文化受容路径,在坚持日本独特价值体系的基础上创造出并行文化。可以说,借鉴先进文化的有益成分会为本国文化的发展提供有益的经验和教训,也可以事半功倍地提升本国的文化创造力。中国近代以前的文化受容往往建立在文化中心的优势心理之上,虽然历史上很多朝代都采取开放的对外政策,允许外来文化的进入和并存,但在一定程度上我们不得不说,这更多的是一种天朝思想下宣扬国威的方式,其结果往往表现为外来文化主动做出适应性的调整,被同化到以汉文化为核心的中华文化之中。虽然进入近代以后,中国的文化转型有所滞后,但已经可以看到中国积极受容外来文化的态度转变,改革开放以来中国特色的经济发展之路正是在借鉴西方市场经济理念的基础上得以确立和展开的。创造性古典主义与融合适应多元文化并存和相互交融的时代背景,这里的融合是创造性地接受他文化,从而形成中国特色新文化的一种文化受容路径,这一文化受容路径是一种积极的动态调整的文化受容路径。

首先,尊重多种文化的并存。对异质文化不应该一味地追捧或者碾压,求同存异一直以来是中国在处理对外关系中的一项原则,也可以被运用为对待外来文化的整体思维,充分尊重异质文化的存在,加强对异质文化的认识,找到共同发展的契机和途径;另一方面积极传播中国文化的优良传统,让世界认识和理解中国文化的传统,如自古以来中国的"大一统"政治伦理思想、爱好和平的民族愿景。充分地发挥与中国国际地位相当的话语权,让世界认同中国文化创造的发展目标和价值观,为和平崛起的中国梦的实现创造良好的国际文化环境,等等。

其次,注重扬弃外来文化。对待外来文化尤其是先进文化,不能采取简单的拿来主义或者体用论,而应该结合时代发展的要求和本国的文化传统对外来文化进行扬弃。中国近代化进程中,鲁迅等学者对拿来主义的批判已经起到了很好的警示作用,不作分析地盲目照搬误国误民。而体用论是中日近代化进程中经常被提及的话题,中国的学者主张"中体西用",日本的学者提出过"和魂洋才"，可以说都不是很完备的文化融合方式。因为器物、技术等物质方面的文化受容是比较容易实现的，而价值观等精神层面的文化受容因为其抽象性却显得任重道远。积极的文化受容是一种整体性的文化受容，不仅仅限于物质方面的文化受容，而且要求精神层面不能故步自封，应该在传统价值体系中不断加入新质，比如将人性的解放、平等、自由等现代理念吸收进中国的价值观体系，构建中国新的核心价值观。

再者，融合是创造性的动态的路径转化过程。积极的文化受容包括两种：第一种，允许异质文化的存在，并在不与内在文化发生碰撞的基础上受容异质文化，从而创造出并存性文化（受容Ⅰ型）；第二种，将外来的异质文化同化到内在文化的行为逻辑或内在价值体系中，创造出融合性的综合文化（受容Ⅱ型）。这里提倡的融合建立在积极的文化受容路径之上，需要警惕外来的异质文化替代原有的内在文化，造成走上本土文化消失的消极路径（受容Ⅲ型）。这也是摆在我们面前的客观事实，西方文化在当前的文化格局中，在一定程度上还是占有着优势的地位，本国文化被西方价值所捆绑，走向消弭的危险还是存在的。因此，在力量对比不能取胜的情况下，我们应该更多地采取平行发展的文化受容路径，而当我们认清楚时代发展脉络和外来与本土文化的优缺点后，应该积极内化外来文化，形成受容路径的创造性动态调整。

结　论

　　随着科学技术和交通工具的不断发展，世界各国之间的联系不断增强，麦克卢汉所设想的"地球村"正在不断地形成，一个国家想要在全球化的浪潮下取得发展迫切地需要以开放的姿态提升自身的综合国力，而综合国力的提升则依赖于文化创造力的整体提高。文化哲学视角下，文化创造力是一个国家或民族在其发展过程中形成的由生产力、精神力、传承力、批判力、传播力构成的一种综合创造能力，它关系到一个民族和国家的文化自信、文化自觉、文化自立以及文化安全。文化创造力的实现和提升主要依靠两种方式得以完成，即本土文化传统内发性的创造性转化和异文化受容下的文化再创造。在人类历史发展的漫长过程中，不同的国家在文化创造力的实现和提升中展现出不同的文化创造倾向，有的国家主要是依靠本国文化的不断独创发明，体现出明显的独创性文化创造倾向；有的国家则依赖于外来文化的刺激进而形成自身文化，并不断受容外来文化进行文化再创造，体现出强烈的受容性文化创造倾向。多元一体的世界文化格局下，多种文化并存与交融无论从范围，还是深度和广度上都已经达到前所未有的程度，因而有效地选择文化受容的路径，为传统内发性的创造性转变提供更多的创造性因子显得尤为重要。基于文化创造的相关理论和当今世界多元一体的文化格局，本书完成了近代以前中日文化创造力发展状况的考察和两国文化创造传统倾向的分析，进而参考日本在文化受容过程中文化再创造的成功经验，提出了创造性古典主义和多元文化融合的文化创造理念，以期促进中国文化创造力的整体提升。

　　近代之前中日两国文化创造力发展状况的差异主要体现在文化生产力、文化精神力、文化传承力、文化批判力、文化传播力这五个方面。

　　文化生产力方面，中国是农耕经济的发源地之一，其农耕经济的发展、繁荣主要依赖于中华民族的自立更生和不断进取，同时外来物质的引入也为中国农耕经济的繁荣贡献了力量；日本从原始渔猎经济向农耕经济的过渡离不开对中国农耕经济先进经验的引进。同时，还应该注意到，虽然日本进入农耕社会比中国晚，但其文化生产力的发展速度却很快，几乎与中国同期出现了资本主义经济的萌芽，这一点也说明了文化受容在文化创造力实现方面的优势。

文化精神力方面，中华民族在文化创造方面具备刚健有为、自强不息和厚德载物、兼容并蓄的民族精神，这样的文化创造精神指导和支撑着中华民族以自信、刚毅、包容、创新的精神不断创造着灿烂的中华文明；而大和民族则具备着综合统一、淳化超上的文化创造精神，使大和民族在物质匮乏、自然条件恶劣的先天环境下，能够积极吸收外来文化，并深入研究，充分借鉴外来文化的创造性因子，形成独特的日本文化。

文化传承力方面，政治上中国源远流长的大一统思想和日本万世一系的天皇制度是两国文化传承力的代表性例证。大一统思想来源于中华民族的中华意识和整体思维，大一统思想的源远流长是中华民族世代爱好和平、渴望统一的愿景，不得不说大一统思想是中华民族一种自发的注重文化创造环境的传统，也在一定程度上回击了所谓的中国威胁论。日本的天皇制度因为其神性权威和长期远离政治权力得以世代延续，体现了日本文化独特的传承力。

文化批判力方面，通过考察"异端"思想对封建儒学的批判和佛教积极调整融入中华文化，可以看到近代以前中国的文化批判力多为内发，并且相对乏力；而日本的神道以有用性和实用性的原则批判外来的佛教和儒教，从而取得了自身的发展，充分说明了日本的文化创造往往将自身文化的自觉和对外来文化的批判交织在一起。虽然两国的文化批判都缺乏哲学性，但相对而言，跨文化接触中日本的文化批判力要强于中国。

文化传播力方面，中心－边缘的文化互动充分说明了中日之间文化传播力的发展状态和力量对比。近代以前，作为中心文化，中华文化不断地向外扩散传播，影响着周边国家的发展。日本作为中华文化圈的边缘，其文化传播力的不断发展在中日之间的宗藩关系的形成、发展和瓦解中可见一斑。受到中华文化辐射的刺激，日本渐渐创造出独特的文化，并在不断发展壮大的过程中，谋求中心文化的认同，进而希望取得与中华文化对等的地位。

通过对比考察近代以前中日文化创造力的发展差异，可以发现，中日文化创造的差异与两国文化创造的传统倾向密切相关，具体分析两国文化创造的倾向可以得到这样的结论：中华文化处于中华文化圈的中心地位，有着独创和同化的创造传统,文化创造力的实现更多地来源于传统内发性的创造性转变;日本文化处于边缘地位,其文化创造多体现为受容性倾向。正因为如此,近代之后日本文化在接受西方文化时显得得心应手;而中华文化面对西方文化的强势冲击,未能及时调整文化受容路径和文化创造力的转化方式,出现了近代以来文化创造力发展的不充分和不平衡。

改革开放以来,中国经济实力得到了大幅度的提升,但是,文化软实力的发展却没能取得与经济发展同步的效果,同时,中国经济在长期粗放式发展之后急需转型,这些现实需求以及多元文化一体的国际文化环境都需要中国创新文化创造的模式,进而取得中国文化创造力的总体性提升。因此,结合近代以前中日文化创造力的考察和文化创造倾向的分析,本书提出了创造性古典主义与多元融合的文化创造理念。

创造性古典主义与多元融合符合中华文化复兴的要求。首先,这一文化创造理念建立在全球化背景下文化的多元理解之上。随着全球化的不断加速,"地球村"逐步形成,多元文化及深层次的价值观都在产生着接触、争执、冲突和融合。简单的一元论、二元论、冲突论以及多元论都不能充分地解释和说明当前多元文化交融的状况。而创造性古典主义与多元融合关注的是多元一体的文化格局,多元一体的文化格局中,多元文化的相互接触无论是在广度还是在强度上都达到了之前所无法比拟的程度,多元文化之间既有共同发展的契机,也有此消彼长的冲突,既有人类文明整体发展的共同愿景,又有各自文化发展的利益要求。从多元一体文化格局的总体来看,中心文化虽然不像之前那样明显地表现为近代以前各文化圈的中心文化,以及近代以来的霸权主义、文化帝国主义等形式,但在相当长的一个时期和范围内,西方文化价值观的优势地位不容忽视。

多元一体文化格局下,中华文化的复兴已经上升为中国国家发展的战略之一,中国提出了建设文化强国、增强全民族文化创造活力、实现中华民族伟大复兴的"中国梦"。创造性是当前中华文化复兴的关键和奋斗目标,一个民族和国家的发展取决于其创造力的发掘和现实转化,应该关注一切创造力的源泉,开创全民族文化创造活力持续迸发,稳步提升文化创造力。创造性地发掘和现实转化需要在传统内发性和异文化融合中寻找力量源泉、丰富创造力转化路径和实现手段。这里的古典主义不是一味地复古，关注的是中华文化传统自我更新的内发性；融合不是简单的拿来主义和中体西用，关注的是动态的文化受容。也就是说，创造性古典主义与多元融合提倡在传统内发的基础上积极受容他文化，从而展开文化的创造和再创造。传统内发和积极受容是两个支点，两者相互联系，相互补充，互为条件；传统内发是载体，积极受容是动力，少了任何一个都不能实现文化的创造和再创造。创造性古典主义与多元融合可以加强文化自信、激发文化自觉、确立文化自立、维系文化安全，对文化创造力的提升、中华文化的复兴有着现实的指导意义。

创造性古典主义与多元融合注重发掘传统内发性。中国五千多年的历史进程无处不体现着中华文化的传统内发性，各个领域的发展都充分体现着中华民族自力更生的文化创造精神，农耕文化的发源、发展，诸子百家学说的出现、儒家文化的形成和发展，以及近代的文化更新等概莫能外。但是我们可以看到在近代之前的历史进程中，中华文化长期处于东亚区域文化乃至世界文化的中心，因而可以比较从容地将文化的传统内发性转化为强大的文化创造力。而近代以来，随着文化优势地位的丧失，中国文化传统内发性的创造性转化受到阻碍，面对西方文化的冲击显得无所适从，尤其是在近代的文化运动中出现了将儒家思想等传统文化全盘否定的情况。

全球化的今天，中国文化创造的发展仍然应该植根于中华文化的传统，因而创造性古典主义与多元融合需要以创造性古典主义为核心。创造性古典主义提倡从中国传统文化中发掘创造性因子，提倡批判性的继承传统，不是一味地盲目复古和照搬经典；创造性古典主义需要认真地研究中国文化创造的历史进程和规律，从中发现中国文化创造力的发展方向；创造性古典主义要求尊重其他文化，积极借鉴，去伪存真，不断创新；创造性古典主义要求将中国传统的文化创造与人类文明发展方向相结合，认清文化创造的内外环境，激发文化自觉，增强文化自信，进而提升中国的文化创造力。

创造性古典主义与多元融合提倡积极的文化受容。多元文化长期并存、相互交融的文化格局下，文化受容对文化创造力的实现发挥着前所未有的支撑和催化作用。创造性古典主义与多元融合一方面需要将文化创造建立在对中华文化传统内发性的发掘和转化之上，另一方面又需要积极充分地借助外来文化的有益成分，进行文化的再创造。通过前文的考察，我们可以看到，日本文化创造力生成和发展的进程本身就是一部不断接受外来文化并进行文化再创造的历史，不管是语言、文字还是稻作经济的发展，抑或近代的君主立宪制都能够很清晰地在他文化中找到原型。在对异质文化的受容方面，因为文化的边缘性，日本往往对异质文化中的先进创造性成分十分敏感，并能够选择积极的文化受容路径，在坚持日本独特价值体系的基础上创造出并行文化。可以说，借鉴先进文化的有益成分会为本国文化的发展提供有益的经验和教训，也可以事半功倍地提升本国的文化创造力。中国近代以前的文化受容往往建立在文化中心的优势心理之上，虽然历史上很多朝代都采取开放的对外政策，允许外来文化的进入和并存，但在一定程度上我们不得不说，这更多的是一种天朝思想下宣扬国威的方式，其结果往往表现为外来文化积极调整融入以汉文化为核心的中华文化。改革开放以来，中国已经开始积极地受容外来文化，其中，中国特色的经济发展之路正是在借鉴西方市场经济理念的基础上得以确立和展开。为了促进中国文化创造力的整体提升，创造性古典主义与多元融合中的多元融合提倡的是创造性地受容他文化，并积极调整文化受容路径。

  首先，尊重多种文化的并存。对异质文化不应该一味地追捧或者碾压，求同存异一直以来是中国在处理对外关系中的一项基本原则，这也可以被运用为对待外来文化的整体思维，充分尊重异质文化的存在，加强对异质文化的认识，找到共同发展的契机和途径；另一方面积极传播中国文化的优良传统，让世界认识和理解中国文化，比如自古以来中国的"大一统"政治伦理思想、爱好和平的民族愿景、和平崛起的中国梦等。

  其次，注重在精神层面扬弃外来文化。对待外来文化尤其是先进文化，不应该简单地采取拿来主义或者体用论，而应该结合时代发展的要求和本国的文化传统对外来文化进行扬弃。近代化进程中，鲁迅等学者对拿来主义的批判已经很好地警示了我们，不作分析地盲目照搬误国误民；而体用论是中日近代化进程中经常被提及的话题，中国的学者主张"中体西用"，日本的学者提出过"和魂洋才"，可以说都不是很完备的文化融合方式。器物、技术等物质方面的文化受容比较容易实现，而价值观等精神层面的文化受容因为其抽象性却显得任重道远，正因为如此我们应该更加注重精神层面的文化受容，不断向传统价值体系中加入新质，如将人性的解放、平等、自由等观念吸收进本国的价值观体系。

再者，多元融合是创造性的动态的路径转化过程。积极的文化受容包括两种：第一种允许异质文化的存在，并在不与内在文化发生碰撞的基础上受容异质文化，从而创造出并存性文化（受容Ⅰ型）；第二种将外来的异质文化同化到内在文化的行为逻辑或内在价值体系，创造出融合性的综合文化（受容Ⅱ型）。多元融合提倡积极的文化受容路径，警惕可能造成本土文化消亡的消极路径（受容Ⅲ型）；多元融合需要动态地调整文化受容路径，在力量对比不能取胜的情况下，我们应该更多地采取平行发展的文化受容路径，而当我们认清楚时代发展脉络以及外来文化与本土文化的优缺点之后，应该积极内化外来文化，形成受容路径的创造性动态调整。

到目前为止，中日文化的对比研究已经从多个角度多个学科得以展开。如从社会结构、社会关系、价值观等角度进行的社会学研究、通过发掘文化现象中精神本质而得以展开的文化交流研究、文化要素分析视点下展开的文化构造研究、从语言学和文学等方面展开的文化论研究以及整体把握中日文化相同点和差异的史学研究等。本书对中日文化的对比考察和研究借助于文化学和创造学的文化创造相关理论，以文化创造力为切入点得以展开。本研究进一步阐发了文化创造的倾向问题，通过考察近代之前中日文化创造在生产力、精神力等五个方面表现的异同，总结和归纳了中日文化创造的传统倾向。本书所展开的中日文化对比研究从创造和受容的观点出发，紧抓文化创造力这一核心问题，不拘泥于某一具体史实，深挖文化现象的哲学本质，是一种崭新的研究尝试。本研究的展开既有历史发展的纵线，又有时代发展的横线，既有文化创造理论的阐发，又有文化创造力实现的对比切分，最终汇聚成指导多元一体文化格局下文化创造力整体提升的文化创造理念。这一理念不仅适用于中日两国的文化创造，也适用于东亚文化圈的文化发展，符合世界文化未来的发展走向。

本研究的展开将中日文化的比较研究引入东亚文化圈乃至世界文化的广阔视野。以"东亚"为主题的研究在日本学界较早展开，而美国学者费正清长期专注于东亚相关的研究工作，并始建了东亚研究中心。之后，韩国、中国台湾、中国大陆陆续地加入这个研究领域，许多新的意见被提出，大量的研究论著得以出版。据不完全统计,关于"东亚"的各种研究机构已达100多所,相关的国际研讨会召开了有几百次之多。可以说,学术上不同的研究角度已经涌现出来很多有价值的研究成果。其中,1962年日本历史学家西岛定生首次提出了"汉字文化圈"的概念,2000年日本出生的韩国学者、早稻田大学教授李成市出版了《东亚文化圈的形成》一书,明确地提出了"东亚文化圈"的概念。中国复旦大学教授徐静波以《东亚文化圈是一个幻想吗?》为题表达了对东亚传统文化能否延续的担忧,而东北师范大学教授韩东育则从东亚政治共同体的形成、延续的可能性和文化血脉传承方面提出了东亚发展的新思考。

　　本研究认为,近代中日文化更新的差异很大程度上是由于西方文化进入东亚文化圈后,中日两国文化地位发生迁移所致。虽然对于哪一方占据东亚文化圈的中心这一问题众说纷纭,但西方文化对中日文化以及东亚圈文化的冲击和刺激却得到了广泛的认同。客观上来说,在近代化进程中,作为东亚圈边缘文化的日本文化在受容西方文化方面表现出很强的适应性,对原本处于中心地位的中华文化进行了反哺。当今时代,信息传递不断加速,全球文化呈现出多元一体的格局,西方的文化和价值观仍然引领着世界文化发展的潮流。在这样的背景下,不管是原本处于东亚文化圈中心的中国文化,还是处于边缘的日本文化,都受到了西方文化的冲击和影响,都已经处于西方文化的边缘;日本文化不仅在文化内容上可以对中国文化进行反哺,在文化创造方式上也可以为中国文化的发展提供借鉴和参考。而基于文化受容过程中并行文化存在的可能,本研究认为东亚圈文化不会消亡,中国文化一直以来有着独立发展的文化自信,虽然经历了一段时期的消沉和滞后,但这也正是一种新陈代谢的过程,中国文化传统的内发性在适当的文化创造环境下必然会再次得以复苏;而日本文化一直以来展现的正是在夹缝中得以生存和焕发创造活力的文化创造姿态,其文化的生命力十分顽强。因此,我们相信东亚文化圈必然会焕发新的文化创造活力,展现出不同于其他国家和地区的独特魅力。

参考文献

中文参考文献

古代典籍

陈寿撰,裴松之注,陈乃乾校点:《三国志》,中华书局(1959)。

程树德撰,程俊英、蒋见元点校:《论语集释》,中华书局(1990)。

高亨:《周易大传今注》,齐鲁书社(1979)。

公羊寿传,何休解诂:《春秋公羊传注疏》,北京大学出版社(2000)。

蒋礼鸿:《商君书锥指》,中华书局(1986)。

焦循撰,沈文倬点校:《孟子正义》,中华书局(1987)。

孔安国传,孔颖达疏:《尚书正义》,北京大学出版社(2000)。

范晔撰,李贤等注:《后汉书》,中华书局(1965)。

李延寿:《南史》,中华书局(1975)。

李心传:《建炎以来系年要录》,中华书局(1956)。

黎翔凤:《管子校注》,中华书局(2004)。

黎敬德编,王星贤点校:《朱子语类》,中华书局(1986)。

刘向:《战国策》,上海古籍出版社(1985)。

刘昫等:《旧唐书》,中华书局(1973)。

陆九渊著,钟哲点校:《陆九渊集》,中华书局(1980)。

释慧皎撰,汤用彤校注:《高僧传》,中华书局(1992)。

司马光:《资治通鉴》,中华书局(1956)。

司马迁:《史记》,中华书局(1959)。

孙通海点校:《陈献章集》,中华书局(1987)。

沈约:《宋书》,中华书局(1974)。

唐甄:《潜书注》,四川人民出版社(1984)。

脱脱：《宋史》，中华书局（1977）。

王弼注，孔颖达疏：《周易正义》，北京大学出版社（2004）。

王弼注，楼宇烈校释：《老子道德经注校释》，中华书局（2008）。

王夫之：《周易外传》，中华书局（1977）。

王先谦：《荀子集解》，中华书局（1988）。

魏征：《隋书》，中华书局（1973）。

吴毓江：《墨子校注》，中华书局（1993）。

班固撰，颜师古注：《汉书》，中华书局（1964）。

左丘明传，杜预注：《春秋左传正义》，北京大学出版社（2000）。

朱熹：《四书章句集注》，中华书局（1983）。

郑玄注，孔颖达疏：《礼记正义》，北京大学出版社（2000）。

现代论著

程俊英：《诗经译注》，上海古籍出版社（1985）。

陈新：《全宋笔记》第5册，大象出版社（2003）。

杜刚：《全球化视域下文化创造力研究》，人民出版社（2012）。

冯天瑜：《中华文化辞典》，武汉大学出版社（2001）。

潘一禾：《文化安全》，浙江大学出版社（2007）。

侯拱辰：《中华道统文化注释》，山东大学（2005）。

翦伯赞：《中国史纲要》第3册，人民出版社（1964）。

李敬一：《中国传播史·先秦两汉卷》，武汉大学出版社（1996）。

李燕：《文化释义》，人民出版社（1996）。

梁方仲：《中国历代户口、田地、田赋统计》，上海人民出版社（1980）。

梁漱溟：《中国文化要义》，上海人民出版社（2011）。

刘仲林：《中国创造学概论》，天津人民出版社（2001）。

南怀瑾：《南怀瑾选集》典藏版第4卷，复旦大学出版社（2012）。

马戎：《西方民族社会学的理论与方法》，天津人民出版社（1997）。

盛邦和：《内核与外缘》修订版，华东师范大学出版社（2010）。

尚会鹏：《中国人与日本人》，北京大学出版社（1998）。

张忠利，宗文举：《中西文化概论》，天津大学出版社（2004）。

庄锡昌，顾晓鸣，顾云深等：《多维视野中的文化理论》，浙江人民出版社（1987）。

缪启愉：《齐民要术校释》，中国农业出版社（1998）。

齐涛：《中国古代经济史》，山东大学出版社（1999）。

吴廷璆：《日本史》，南开大学出版社（1995）。

王家骅：《儒家思想与日本文化》，浙江人民出版社（1986）。

徐元浩撰，王叔民、沈长云点校：《国语集解》，中华书局（2002）。

杨坚：《周易内传》，岳麓书社（2011）。

严绍璗，源了圆：《中日文化交流史大系3（思想卷）》，浙江人民出版社（1996）。

张岱年：《张岱年全集》第6卷、第7卷，河北人民出版社（1996）。

张建业：《李贽文集》第3卷，社会科学文献出版社（2000）。

张维华：《中国古代对外关系史》，高等教育出版社（1993）。

郭嵩焘：《伦敦与巴黎日记》，引自钱钟书主编《郭嵩焘等使西记六种》，三联书店（1998），第190页。

刘锡鸿：《英轺日记》，引自钱钟书主编《郭嵩焘等使西记六种》，三联书店（1998），第250页。

学术论文

艾四林：《激发全民族文化创造活力，显著增强国家文化软实力》，《马克思主义研究》2012年第12期。

陈煦，郭虹：《次生模式：边缘-中心文化互动的理论研究》，《中共四川省委党校学报》2005年第1期。

董慧，夏增民：《全球语境下中国现代民族精神的架构》，《华中科技大学学报》2005年第1期。

何凡：《唐甄是资产阶级启蒙思想家吗？》，《晋阳学刊》1985年第4期。

沈壮海：《充分发挥中华文化创造力源泉的作用》，《求是》2016年第3期。

万资姿：《符号异化：现代人类文化创造焦虑之潜在根源》，《湖南社会科学》2008年第2期。

万资姿:《文化创造：一种人类符号能力的实现与被规定》,《探索》2009年第1期。

万资姿:《符号：文化创造之逻辑起点》,《北京行政学院学报》2013年第4期。

辛向阳:《让文化创造活力竞相迸发》,《求是杂志》2013年第13期。

裔昭印,徐善伟:《论世界文化的"多元一体"性》,《光明日报》2004年02月10日。

赵可金:《理性解读"中国威胁论"》,《学习月刊》2006年第3期。

学位论文

代岁创:《山崎暗斋的政治思想研究》,湖南大学硕士论文(2006)。

韩美群:《和谐文化论》,武汉大学博士论文(2008)。

王忠:《中国传统创造思想论纲》,中国科学技术大学博士论文(2007)。

于欢:《山鹿素行思想研究》,延边大学硕士论文(2014)。

英文中译论著

阿多诺:《文化工业再思考》,出自《文化研究》第1辑,天津社会科学出版社(2000)。

爱德华·霍尔著,刘建荣译:《无声的语言》,上海人民出版社(1991)。

费兰西斯·福山:《历史的终结》,远方出版社(1988)。

费正清:《剑桥中国晚清史》上卷,中国社会科学出版社(1983)。

黑格尔著,先刚译,《精神现象学》,人民出版社(2015)。

亨廷顿,哈里森主编,程克雄译:《文化的重要作用》,新华出版社(2002)。

卡西尔著,甘阳译:《人论》,上海译文出版社(1985)。

马歇尔·麦克卢汉著,何道宽译:《理解媒介：论人的延伸》,译林出版社(2011)。

欧文·拉兹洛著,戴侃、辛末译:《联合国教科文组织国际专家研究报告——多种文化的星球》,社会科学文献出版社(2004)。

赛缪尔·亨廷顿著，周琪等译:《文明的冲突与世界秩序的重建》，新华出版社（1988）。

赛缪尔·亨廷顿，彼得·伯杰著，康敬贻译:《全球化的文化动力：当今世界的文化多样化》，新华出版社（2004）。

泰勒著，蔡江浓编译:《原始文化》，浙江人民出版社（1988）。

西美尔:《论文化的本质》，转引自《德国哲学》第二辑，北京大学出版社（2002）。

《马克思恩格斯选集》第1卷，人民出版社（2009）。

马克思:《资本论》第1卷下，人民出版社（1975）。

日文中译论著

内藤湖南著，刘克申译:《日本历史与日本文化》，中国商务出版社（2012）

尾藤正英著，彭曦译:《日本文化的历史》，南京大学出版社（2011）

日文参考文献

論著

井上順孝:《神道－日本生まれたの宗教システム》，新曜社（1998）。

井上哲次郎:《日本精神の本質》，廣文堂書店（1941）。

石田一良:《体系日本史文庫23 思想史2》，山川出版社（1980）。

梅棹忠夫，多田道太郎:《日本文化の構造》，講談社（1972）。

川崎庸之，奈良本辰也:《日本文化史》，有斐閣新書（1977）。

近藤啓吾:《續々山崎闇齋の研究》，神道史学会（1995）。

楫西光速:《日本における産業資本の形成》第1卷，東京大学出版会（1964）。

小葉田淳:《近世社會》，朝倉書店（1955）。

正宗敏夫:《倭名類聚抄》卷17，風間書店（1977）。

高橋正彦:《史料日本史》中世篇，慶応通信（1995）。

中村吉治:《日本経済史》，角川書店（1955）。

内田樹:《日本の辺境論》，新潮社（2009）。

土屋喬雄:《近世農村經濟史論》,改造社(1947)。

内藤湖南:《近世文学史論》附錄,創元社(1941)。

福澤諭吉:《脱亞論》,《時事新報》1885年3月16日。

丸山真男:《日本文化のかくれた形》,岩波文庫(2004)。

広潮豊:《山鹿素行全集思想卷13》,岩波書店(1940)。

李珍鎬:《謠曲の弾歌表現を考え直す》,《中世文学の諸問題》,新典社研究叢書(2000)。

豊田武:《体系日本史叢書》第10卷,山川出版社(1967)。

山岸徳平:《日本思想大系:古代政治社会思想》,岩波書店(1979)。

矢野正晴等:《創造性の概念と理論》,国立情報学研究所 NII-2002-001J(2002)。和歌森太郎:《日本文化の構造》,講談社(1972)。

《國史大系》第1卷,經濟雜誌社(1897)。

日本大辞典刊行会:《日本国語大辞典》第11卷,小学館(2001)。

Konfuzianismus und Taoismus, Verlag von J. C. B. Mohr(Paul Siebeck), 1947。木全徳雄訳:《儒教と道教》,創文社(1971)。

小笠原真:《近代化と宗教——マックス・ヴェーバーと日本——》,世界思想社(1994年)。

學術論文

高島正憲:《日本古代における農業生産と経済成長:耕地面積,土地生産性,農業生産量の数量的分析》,一橋大學(2012)。

美和信夫:《天皇および天皇制についての一考察》,《モラロジー研究》NO.5,日本モラロジー研究所(1977)。

美和信夫:《天皇研究》,広池学園(1981)。

戴建方:《清末の近代文化の再構築問題(1875—1898):文化変容に関する理論的考察》,神戸大學博士論文(2007)。

英文參考文献

Raina M. K."Cross-Cultural Differences", Encyclopedia of Creativity, Vol. 1, Academic Press(1999)。

电子参考资料

http://www.cnrencai.com/zhongguomeng/89523.html.